开·卷·书·坊

# 开卷闲话九编

子聪

上海辞书出版社

**图书在版编目(CIP)数据**

开卷闲话九编 / 子聪著. —上海：上海辞书出版社，2015.8
(开卷书坊. 第4辑)
ISBN 978-7-5326-4417-9

Ⅰ.①开… Ⅱ.①子… Ⅲ.①随笔—作品集—中国—当代 Ⅳ.①I267.1

中国版本图书馆 CIP 数据核字(2015)第140705号

**开卷闲话九编**
子聪　著
责任编辑/吴艳萍　装帧设计/朱赢椿
技术编辑/顾　晴　责任校对/左钟亮

上海世纪出版股份有限公司
辞书出版社出版
200040　上海市陕西北路457号　www.cishu.com.cn
上海世纪出版股份有限公司发行中心发行
200001　上海市福建中路193号　www.ewen.co
苏州望电印刷有限公司印刷

开本 720毫米×1000毫米　1/32　印张 6.125　插页 4　字数 78 000
2015年8月第1版　2015年8月第1次印刷

ISBN 978-7-5326-4417-9/I·267
定价：36.00元

# 开卷闲话九编

# 韦泱序

《开卷》有个“闲话”，我在不经意间，已翻阅了十五年。记得，起初它叫“开有益斋闲话”，后来改为“开卷闲话”，更为简洁精练，刊出位置也固定放在每期刊物的最后，犹如一出舞台大剧的压轴戏。

我去拜访沪上文化老人时，看到《开卷》常常是他们的案头读物，让他们津津乐道的是每期《开卷》一到，先从后面的“开卷闲话”读起。古人说，秀才不出门，全知天下事。这些足不出户，从农耕年代走过来的文化老人，更多的是从纸质读物上来了解大千世界，获悉各自感兴趣的信息。书与人，当然是他们的首选。这是他们的阅读经验。我想，这一定有其内在的心理需求与阅读取向。后来，我也分享他们的阅读快乐，从刊物的最后倒翻，开始读《开卷》。

这样，一年年“闲话”读下来，会生发一些联想，并有所感悟，触类旁通。表面上看，“闲话”是《开卷》的副产品。子聪在编辑每期《开卷》的过程中，以日记的形式，记下了与《开卷》相关、与读书相关的点点滴滴闲话。但往深处探究，却是闲话不闲。它密集的信息流量，它书往人来的细琐繁绵，都渗透出书籍在繁华喧嚣的商业社会中所带来的脉脉温情，给大都市行色匆匆、心态浮躁的人们带来心灵慰藉。

时代列车呼啸前行，令人感到欢欣鼓舞，但亦使人忧心忡忡。网络时代的到来，推动了社会进步，便捷了工作生活。但会在一瞬间，使我们曾经看得到摸得着的现实体验，突然被剪切被删除，消失得不留任何痕迹，无影无踪。

但是，“闲话”不捐细流，把书人稍纵即逝的日常生活，真实地一点点记录下来，细心地梳理成日记，一月一次集中刊出，一两年汇编一卷，日长时久，蔚为大观。既留下了一份关于《开卷》的办刊史料，也散发出书香社会的人文情怀。

“闲话”，让我们过于匆忙的脚步放慢下来，不要错过了本来就为人类所创造、所享受的诗情画意。“闲话”，让我们的阅读生活更为悠闲，慢慢品味文化的内蕴与情趣。

“闲话”坚守十五载。但我不认为，“闲话”只是子聪一个人的闲话。它是连接并串起读书人的精神纽带，在它周围形成了一个同气相求、互相支撑的读书群体，展示出一个很强很有磁力的场域。

写于二〇一五年四月二十日

# 薛冰序

三月里，为《开卷》创刊十五周年，我写了一篇《开卷有缘》，文中说到，即使算上民国年间，能坚持十五年的同人刊物，也是凤毛麟角了。同样，作为《开卷》的品牌栏目，《开卷闲话》能出到第九编，大约也是绝无仅有的。

一份民间读书刊物，一个品牌栏目，能够历久不衰，固然难能可贵。但对于《开卷闲话》来说，更重要的意义，则是保存了一份民间的文化记忆。

每一个时代，都会有自己的“书记员”，都会留下自己的记忆文本，但文本形式个个不同。三十年前，我因痴迷于晚明史事，收集了百十种野史笔记，当时就朦朦胧胧地感觉到，有些作者具有明确的史家意识，有些作者则不过是将自己的所见所闻随手记录，甚至都没想到要给别人看。对于后人来说，这种随手所记，往往较为真切而可信。尤其是在正史沦为秽史的时代，民间的文化记忆就更为后人所重视。

近代以来，报纸的出现，曾是一个重要的转折。它与野史笔记的差别在于，不但有及时的记录，而且有及时的公布，因为面临当事人与旁观者的检验，所以不得不尽可能地追求真实。这就使得它在满足同时代人的文化需求之余，又成为后人可以检阅利用的史料。然而，一方面，是传媒管理部门的技艺日益纯熟，一方面，是商业化汁液无孔不入的侵蚀，二十世纪后半叶，报纸已变得越来越面目不清。新世纪之初，全国各地民间读书刊物如雨后春笋，纷纷兴起，其重要因素之一，便是时代文化“书记员”的缺位。

《开卷闲话》中大量引录的书信、电邮、博文，往往是写作者随手记下的见闻与感慨，说实事，抒真情，心无顾忌，口没遮拦。当然，在汇为一编之际，子聪先生会有选择；如同他自己的记事一样，偏重于文化活动的实录。在《开卷闲话五编》出版时，我曾写过一篇短文，说到“闲话”固是文人心性一时之所至，只言片语，零星琐事，初看无足观，然而堆沙成塔，集腋成裘，记录的时间越长，关涉的人事越多，论及的范围越广，其价值也就越能显现出来。时隔数年，回头再看，当初的时事，于今已然成史。它无须向文化“正史”上去争一席之地，但确实在有意无意之间，起着拾遗补阙的作用。若干年后，研究二十一世纪中国民间文化发展史的人，大约不能不借重《开卷闲话》这样的民间文本。尤其是《开卷闲话》，其所记录所反映的范围之广、层面之高，所持续的时间之长，在同类书刊中，无有能出其右者。

《开卷闲话》各编的一个特点，就是延请多位学者文人写序。我于写序一向视为畏途，但对于《开卷闲话》，则是无从推托，也就依其宗旨，信手写下这样的一段文字。

二〇一五年四月二十九日　南京

# 徐雁序

“谁人背后无人说，哪个人前不说人。”说话，该是人类从大自然中进化得来的一种天赋功能罢？话说在文字还未被先哲发明的时代，言传身教，表情达意，乃是生活和生产实践经验，信息传递和知识传播的重要手段。即使在书面语大行其道的时代，促膝情话、联床夜话、饮宴会话，甚或杯茗话旧、长亭话别，说真话，讲闲话，也是人类沟通情感、交流思想的有益工具。话说至此，然则“闲话”何由而生耶？

按，所谓“闲话”，或系人在闲暇时分所说出来的话，或系人在非正式场合所说出口的非正式性的话。尝忆陆游《雪意》诗中颔、颈两联云：“山寒酒过平时量，窗黑书亏半日功。闲话更端茶灶熟，清诗分韵地炉红。”在某个天地间满酿着雪意的傍晚，恰有诗友上山在室，于是在炉红茶热的氛围里，分韵吟哦起来，顿时忘却了江边朔风吼、屋外乱云飞…… 而好酒和旧书，正是与良友在雪夜对坐闲谈之资。

然则人情所向，人们往往喜闻乐与前一种“闲话”而怕人讲说后一种“闲话”，因为后者常常也可能就是那些“可畏”的“人言”了。往贤教人“酒逢知己饮，诗向会人吟”，“逢人且说三分话，未可全抛一片心”云云，其中的人生教训想必沉痛非凡，不可言说也。

记得一九八七年冬，萧乾先生在为巴金文学创作生涯六十年展览所写的一篇文章中，有这样几句后来流传颇广的话：“由于图个安静的晚年，我现在奉行的只是尽量说真话，坚决不说假话”，因为“经过多年的学习、检讨以及对身边事物的观察，我心里开始形成一种尺度，懂得了什么该说，什么不该说……然而作为一个知识分子，我不满足于这种境况”，近十来年“不遗余力地倡导说真话”的巴金，“也不满足于这种境况”。他认为，要改变这种人不能畅所欲言的局面，须得有两个先决条件：一是

"不要轻易惩罚说真话的";二是"不要过分慷慨地奖赏说假话的"。当年这篇文字刊登在十一月二十二日的《文汇报》上。近三十年的时光不觉已逝,巴、萧两老则墓木将拱,遗憾的是,这篇题为《要说真话》的随笔文章,已少为新生代所知了。岂不哀哉!

"世间好语书说尽,天下名士话柄多。"人之嘴除了饮水吃饭外,总是不免要说三话四的,犹如吸气之后就必须得呼气一般,此亦人性所系,尤其是对于那些怀抱家国情怀的笔耕舌耘者而言。但要在如何把握中国特色的说话分寸上下功夫,以免说者无意而听者有心,甚或祸从口出,平添人世间的纠葛耳。却说宁文君执编《开卷》十有五载,闲话多而少碎语,且闲话非闲,有喜闻乐见之致,令人执卷心喜,故书数语为之叙云。

江淮雁斋主人于乙未雨夏间

# 王稼句序

子聪先生正在编《开卷闲话九编》，恰好上月下旬一起在南京、天津盘桓几日，他就想让我写篇序，有点不知所措。《开卷闲话》在一编一编地出，每编总有好几位写序，八编下来，至少已有二三十位写了，当然也不少我这一篇。再说，本想说的话，别人都已说过，并且说得更好，搜肠刮肚，实在也想不出说点什么。十年前，《开卷闲话续编》印出，我写过一篇《读书界的一份实录》，本来可以拿它来凑数，想想有点不应该，有点辜负子聪的厚意，拿司马温公的话来说，“岂可逆自鄙薄，不倾胸腹之所有，以尽布于左右而求采择乎？”然而真正要写，则不外乏味或生凑。

《开卷》有一个专栏，名曰“开有益斋闲话”，放在每期的最后几页。这“闲话”有点像编后记，但又不是，内容排日记事，有书信摘录，有活动花絮，有出版消息，有书人踪迹，几乎都是由子聪自己交接结纳而来。在我想来，在这个读书圈里，需要有子聪这样的人，广泛联络，各方询叩，然后将他所知道的，写入“闲话”，进行发布，正因为都是人和事的亲历者，那是具有现场感和权威性的。特别像我这样不弄微信、微博的人，就可借着“闲话”知道不少消息。我特别欣赏子聪的，就是他对前辈先生的尊重，为他们做了很多具体的事，在主持“开卷书坊”等丛书时，向他们约稿，甚至费了心力给他们编辑。谁都会老去的，在人生的黄昏，眼前的世界依然绚丽烂漫，那是多好的事啊。反过来，前辈先生亦未忘情子聪，给他写稿，给他题词，给他提供他们人生阅历成就的文化环境，真可说是相得益彰，“闲话”也因此而更加生色。

《开卷》创刊十五年了，留下的文章已有很多，“闲话”自然也集腋成裘。将它们一编编地印出来，自然很有意义。我在当年的文章里说：“我这个人懒于走动，借着一月一份的《开卷》，断断续续知道很多消息，如今辑印成书，就将这些琐碎的消息连了起来，这好像就是看电视连续剧，相隔得太久，似乎不能连贯，索性买张碟片，一口气看了，不但省事，印象也特别地清晰起来。”当然，“闲话”更有保存史料的价值。单本《开卷》容易散失，结集一册，既便庋藏，又便检读。再说十五年风风雨雨，在这个不大不小的读书圈里，也有很多可说的故事，即以《开卷》的作者来说，也已经好几茬了。昨天就是历史，坠欢旧梦，都在回忆里。但回忆有时并不可靠，就我自己来说，明明记得参加过在南京的第一届读书年会，子聪说没有，至少没有合影，更因为“闲话”里没有记载，奈何奈何。这就是立此存照的依据。

子聪既要编刊物，又要编丛书，还要写“闲话”。“闲话”虽然并不难写，却要花费不少时间，或许每天都要做点功课，也就不必对它过多苛求。在我看来，“闲话”有时写得太正规，太套数，不妨有点变化。我欣赏范笑我当年的“简讯”，记别人的事，说自己的话，就相当有意思了。

二十年前，我在《苏州杂志》做编辑，陆文夫先生让我每期写篇编后记，因为杂志社在青石弄里，那个栏目就叫“青石小憩”，有点像“闲话”，只是更多牵涉一点本期的内容。唐人有道是“雨余青石霭，岁晚绿苔幽”，应该是比较悠闲的活，其实不然，写了一年，就不肯再写了。比照子聪，真是惭愧多多。

二〇一五年六月一日

# 目录

# 二〇一四年

## 一月

一月初，先后收到许宏泉主编的《边缘·艺术》（第三十一辑，新星出版社二〇一四年一月版）；韩戾军的书法集《深柳读书堂短札》（吉林文史出版社二〇一三年九月版）；朱航满选编的《2013中国随笔年选》（花城出版社二〇一四年一月版）；薛原的《海上日记——"科学一号"赤道太平洋考察实录》（金城出版社二〇一三年三月版）；《唐朝铁书画集》（安徽美术出版社二〇一三年八月版）以及《零落成泥——徐为零的犁园生活》（自印本）等闲书十余册。

一月二十三日，收到阿滢从山东新泰寄赠的《中国旧书店》（阿滢编，金城出版社二〇一四年三月版）一册。本书数十位作者写到了全国各地的六七十家各具特色的旧书店，这些文章里面包含了这些爱书人对旧书的独特情感。书中附录的中国旧书店名录无疑是爱书人的一份淘书宝典。

一月三十一日，收到湖州徐重庆寄赠的《湖州市博物馆藏明清古典家具》(河北教育出版社二〇一三年五月版)一册。该书收录了赵景心、黄哲夫妇捐赠的赵紫宸，陈梦家、赵萝蕤夫妇旧藏二十三件明清古典家具。这批珍贵的以黄花梨材质为主的家具文物的捐赠源于徐重庆的倾情联络，促成了这批东西最终入藏了藏品主人的故乡——湖州市博物馆。陈梦家与大收藏家王世襄是忘年交。故宫博物院研究古代家具的专家胡德生先生在为该书所写的《古典家具在传统文化中的地位及价值》鉴赏文章中提及他曾听王世襄先生说过这样的话："陈先生收藏研究家具有很深的见解，十年动乱，其书稿被抄没焚毁。梦家学识应在我之上，可惜梦家兄过早蒙冤离世。梦家兄如若还在世，他的《明式家具研究》肯定也比我写得好。"

## 二月

二月三日，马旷源从云南楚雄寄赠《腾阳旧事》（云南美术出版社二〇一三年十二月版）、《风篁集》（中国诗书画出版社二〇一三年十二月版）毛边签名本各一册。

二月十五日，收到赵龙江从北京寄赠的《螺君日记》（毕树棠著，赵龙江编，海豚出版社二〇一四年一月版）签名本一册。

日前，李世琦从石家庄寄赠《申涵光与河朔诗派》（三联书店二〇一三年十月版）签名本一册。李世琦在该书前言中写道：

> 河朔诗派是清初第一个也是当时最著名的文学流派。这一诗派的开创者和领军人物是申涵光。成员有张盖、殷岳、赵湛、刘佑、路泽农等。他们的家乡都在邯郸附近，古称河朔，即黄河之北，今河北南部地区。河朔诗派继承“河朔词义贞刚，重乎气质”的思想传统，

反映了清初河北人民的黍离之思、兴亡之感，民族情绪和生活疾苦，敏感地吟唱出这一时期人民的心声。在艺术上，他们力矫明前后七子与竟陵派之失，越宋元而上，师法杜甫，追求“音节顿挫，沉郁激昂”，成为思想和艺术上都有鲜明特色的文学流派。对于河朔诗派，清初的学术巨擘顾炎武、孙奇逢、傅山等，文学大家王士祯、朱彝尊等当时就给予高度评价。他们大多都和河朔诗派的诗人时相唱和，有密切的往还。清初文坛盟主王士祯指出：“申凫盟涵光称诗广平，开河朔诗派。其友鸡泽殷岳伯严、永年张盖覆舆、曲周刘逢源津逮、邯郸赵湛秋水，皆逸民也。”清代思想家、颜李学派的开创者之一李塨在谈到明末清初文学思想的流变时指出：“逮及兴朝，宋人道学之焰，盛极而衰伏之。古文与诗，浸以日上。文则侯朝宗、毛河右、王昆绳，诗则河右，以及屈翁山、申凫盟、戴沧州，皆崛起树坛壁，一起宋元之衰。”高度评价了申涵光及其所代表的河朔诗派在清初起弊救衰、拨乱反正的历史作用。

李世琦，河北永年人。现为河北人民出版社调研员、编审。一九八二年毕业于北京师范大学历史系。在编辑工作之余，长期坚持学术研究和写作。出版有《中国古代十大公子》（河北人民出版社）、《巴斯德》（中国国际广播电视出版社）、《平津战役实录》（河北人民出版社）、《批评的风骨》（中国青年出版社）、《申涵光与河朔诗派》（三联书店）等。

## 三月

三月二日，周实从长沙发来网信："收到今年第二期《开卷》，谢谢刊登'易允武'，他确实是一个极有才华的人，可惜的是生不逢时，这就是人的命运吧，所以，重要的还是命运。"

三月十一日，友人从上海发来手机短信："杨涵先生三月七日病逝于上海。今日亲朋好友举行送别会，儿女从澳大利亚、日本、南京赶赴上海送别。人品艺事，我敬杨老。"杨涵，一九二〇年十二月生于温州，原名桂森，字志刚，笔名寒水、易水。原上海人民美术出版社副总编、副社长、党组副书记，中国美术家协会会员、上海连环画研究会会长、上海版画家协会副会长。代表作品一九四六年创作的版画《修运河水闸》为江苏省美术馆收藏，一九六〇年创作的《淮海战役——围攻陈官庄》为上海美术馆收藏。出版《杨涵木刻》、《杨涵山水画选》、《杨涵文集》等。一九九一年，获"中国新兴版画杰出贡献奖"。本刊近年经常寄赠《开卷》供杨涵先生闲阅，去年下半年九三老人杨涵先生还应本刊所请题赠"卧龙湖书院"墨迹一帧。上海友人在手机短信中说"杨老所题当是绝笔了"。

三月十五日，闻章从石家庄寄赠《画乃圣事——读贾又福》、《大化如花——贾又福以石观化的心灵来历》（二书均为中国发展出版社二〇一四年二月版）签名本各一册。闻章在《画乃圣事》的序中写道：

> 我与贾又福先生的关系，应该说有几分奇，亦有几分妙。他的画里有我话里的意思，

我的话里有他画里的意思。说具体点有以下这几种情况：第一，他的画里有的，我的话里没有；第二，他的画里有的，我的话里也有；第三，他的画里没有的，我的话里有。“画乃圣事”，这是他对画的体认。文是不是圣事呢？不但文，即便字，也是莫可轻慢、亵渎的，不闻“仓颉造字，天雨粟，鬼神哭”？因此，他用笔墨作画，我用文字作文，完成的是一件事。此事关系心灵，因此神圣。若与心灵无关，则不可谈神圣。

《大化如花》书前勒口印了这样几句话：

贾又福先生的观化山水，化的是什么？化的是山水。靠什么化？靠的是光。正是有了光，才大化如花。正是有了光，才大花如化。贾又福先生因画山而观山，因观山而成绘事。他的“幡然一悟”，悟到的是个什么？他的“大化”，化成的是个什么？他的“内照”，照到的又是什么？贾先生一语道破：“得大自在，不必言说。”

贾又福，一九四一年生，著名画家，美术教育家、理论家，中央美术学院、中国艺术研究院教授、博士生导师。师从李可染、叶浅予、李苦禅、宗其香、何海霞，私淑潘天寿、石鲁。得心灵密钥，创观化山水。

闻章，本名靳文章，一九五一年生，作家、学者。著有《身边禅》、《活卦》、《步步踩着莲花：佛陀故乡印度朝圣之旅》等多部著作。

三月十八日，收到孙卫卫新作《书香，少年时》（海天出版社二〇一四年二月版）印本一册。该书分为“每一个人都可以伟大”、“有了爱就有了一切”、“世界上最快乐的事”、“就做一个读书人”和“好书的N次加工”五辑。书前印有作者自撰简介如下：

> 孙卫卫，儿童文学写作者。上班时，写公文，专心做事。不上班时，写儿童文学，买书淘书。陕西周至人。一九九八年毕业于南京大学中文系。曾在新闻出版报社工作近十二年。中国作家协会会员。

三月二十二日，陆灏在上海赠《听水读钞》（海豚出版社二〇一四年二月版）签名本一册。陆灏在《编后记》中写道：

> 从近年所写的读书笔记中选出九十九篇，编成这本小册子。这些笔记大部分发表在《深圳商报》的“文化广场”副刊。编集时略有改动，文章标题改得比较多。编完再看最后一篇的标题，自己忍不住也笑了。姑且就这样吧。书中插入师长墨迹十余叶，如同演唱会请大牌明星当嘉宾，助阵撑腰。可惜他们自己却看不到了。

三月二十四日，上海友人赠《〈淳化阁帖〉肃府本》（孙宝文编，上海辞书出版社二〇一二年九月版）及《书画鉴藏探要——萧平、徐建融访谈》（王永林编著，上海辞书出版社二〇一〇年十一月版）各一部。

三月二十六日，余佐赞从上海寄赠《舒芜致胡风书信全编》（东方出版中心二〇一〇年五月版）一册。在本书的出版说明中，关于书信的来历与编排，舒芜在二〇〇六年四月十四日写过一个小记：

> 这是我写给胡风先生的信札一百四十二封，兹据复印件编注发表，提供一种新文学史料。一九九七年，梅志先生复印了我这些信，由《新文学史料》编辑部转交给我，原件仍存胡风先生家。同年，我也将胡风先生给我的信的复印件由《新文学史料》编辑部转交梅志先生，原件仍存我处。我给胡风先生的这些信札（包括明信片），写作时间是自一九四三年十月起，至一九五二年十二月止。现在看来，可能有个别散失而外，这一百四十二封是现存的全部。我得到的复印件除有个别脱页、模糊外，都还清楚。编注原则是按时间编排，标明写信人和收信人地址，加简要注释。所有文字、格式、称呼、署名等等，全照原来。复印件个别脱页、模糊处，都已注明。

三月二十八日，香港沈培签赠新著《孤山一片云——沈培琐忆》（天地出版社二〇一四年三月版）一册。该书是一部回忆性作品集，记录了沈培八十年生命历程中的诸多生活片断，亦文亦史。本书收入的三百余篇文章，长短不一，最多的不超过三百字，最少的只有数十字，却让读者心领神会，就像又看到了沈培的漫画一样，虽寥寥数笔，却画出他的一生，人生况味鲜活于纸上，酸甜苦辣、喜怒哀乐尽在其中。沈培老友韩羽在为这本书写的序中说：

“阿培哥”是谁？如果和现下年已六旬，二十世纪五六十年代尚是孩童的读者，一提起“小虎子”，他们大概都会知道的。小虎子是当年《中国少年报》连载的连环漫画《小虎子》中的主角。他是个天真、活泼、热心、向上的好孩子，却又嘎得很。他的所行所为出人意料，令人笑破肚皮却又不能不赞叹。小读者喜欢他，小读者的家长也喜欢他，据说好多订户订阅《中国少年报》就是冲着《小虎子》，甚至一度在孩子中形成过“小虎子热”。《小虎子》的作者就是沈培，也就是阿培哥。阿培哥的文，短得不能再短了（仅数十字）。文虽短，却颇耐人咀嚼。再说虽三言两语，却是亲历实录，不亦文即史乎。

沈培，原名沈培金，一九三四年生于杭州。一九四九年入杭州国立艺专。一九五四年毕业，分配到上海《新少年报》，后任职于《中国少年报》。擅长儿童画。连载漫画作品《小虎子》，在二十世纪五六十年代风靡一时；为《小布头奇遇记》等画过插画。一九八〇年初移居香港，进《香港商报》、香港《加华日报》。以“尉迟横”为笔名，创作有《明仔》、《母子情》等系列漫画。

三月三十一日下午六时许，在新浪微博得悉：问津书院学术顾问、著名学者来新夏教授，因病于今日下午三时十分辞世。来新夏，一九二三年生于浙江萧山。自幼随祖父来裕恂启蒙读书。一九四二年考入辅仁大学历史系，师从陈垣、余嘉锡、启功等著名学者。后入华北大学，随范文澜读研究生。一九五一年至今，历任南开大学历史学教授、校务委员、图书馆馆长、出版社社长兼总编辑、图书馆学情报学系主任等职。来新夏先生一生著述颇丰，重要作品有《北洋军阀史》、《古典目录学》、《方志学概论》、《书目答问汇补》、《近三百年人物年谱知见录》等。

当晚，“饱蠹鱼”在其博客贴出：

挽来新夏先生

辟史境，拓志域，平生徵典册，三学宏开迁固笔；

籍萧山，诞杭垣，壮岁旅京华，百年最是津沽缘。

二〇一四年三月三十一日二十三时

按：此联由刘运峰先生手书，四月一日十时送呈先生灵前。

来新夏先生生前对《开卷》一直给予了热情的关心和爱护，十多年来，来先生赐稿颇多，每有约稿，有求必应。惊悉来先生不幸仙逝，特做此纪念专刊，以表示我们对来新夏先生的感念之情。

## 四月

四月三日，李文俊从北京寄赠《不固定的盛节》（海明威著，李文俊译，北京十月文艺出版社二〇一三年十月版）、《逃离》（艾丽丝·门罗著，李文俊译，北京十月文艺出版社二〇一四年一月版）签名本各一册。

四月八日，请长沙萧向阳先生代请朱健先生为所藏《红楼梦我》签名留念。朱健先生遂在该书扉页题跋数十字：

> 蛇年孟冬，贱躯白寿，友人三五，小聚为欢，适此集印成，亦一喜也。惟样书未到，呈教为难。宁文兄垂青殷殷，在心在目，自置一册，远道驰书，属叙因缘，感愧无已。
>
> 朱健　马年清明后二日　长沙

此前两日，收到萧向阳先生寄赠的一函两册《梁漱溟往来书札手迹》(梁培宽编，大象出版社二〇〇九年八月版)。

四月十日，收到叶小沫从深圳寄赠的《〈倪焕之〉的120种藏本故事》(冯斌编著，上海科学普及出版社二〇一四年三月版)一册。本书分为“《倪焕之》：‘民国’藏本的故事”、“《倪焕之》：‘建国版’藏本的故事”、“《倪焕之》：‘特别版’藏本的故事”三个部分。

四月十二日，收到苏州王英志寄赠的《新译袁枚诗文选》(王英志注译，三民书局二〇一四年一月版)签名本一册。

四月十四日，周炳辉从上海发来网信：

月初曾访躲斋先生，因近清明，闲谈中不免互诉怀念先人之情。他说，曾在其父母的坟墓上书刻“未尽反哺此生憾”七个字；我说，自一九五三年至今的六十年，我漂泊在外，与父母离多聚少，对不久前刚谢世的九十八高龄母亲，也未尽反哺之责，深以为憾。在返家途中忆及去年清明节前，躲斋先生嘱我把他所作《记忆深处》一文电传《文汇报·笔会》，但为了不勾起其胞姐回忆不堪回首的往事，已删去其中的一节“遗物”。一回到家，我再次找出存于电脑中的《记忆深处》全文，把《文汇报·笔会》中未刊的“遗物”一节读了又读，文曰：“从邮局取回一个体积颇大的包裹，是从父亲的工作处皖北寄来的。是怎么回事？纳闷。且不管，打开。全是些杂物：几件破旧的衣裤、毛线背心、钢笔、记事本……其中夹杂着一张纸，展开，第一行是五个字，前三个是我父亲的姓名，后两个字，是：‘遗物’。接着是物件的名称、数量……我不再往下看，一切全明白了：爸去世了。妈问我写的什么，我没回答，也没流泪，把纸给了妈，背过身去，没有言语；之后，我忽而感到腿软，站不住，躺下了；当夜，我咯血了……我始终没有哭泣，也没说过悲痛。”

这最后一句，引起我的深思。何谓亲情？此一例也。

同日中午，与南京诸友人和资中筠先生餐叙，得《士人风骨》（《资中筠自选集》之一，广西师范大学出版社二〇一一年十月版）签名本一册。

日前，南通严晓星赠《七弦古意：古琴历史与文献丛考》（故宫出版社二〇一三年十一月版）签名本一册。本书收入《广陵散》指法“泼攊”续考，《观光》解题发微，《秋鸿》年代新证，《捣衣》作者潘庭坚考，“懒仙”“希仙”小考——《琴曲集成》提要补正（二则），《平沙落雁》年代探隐，“绍兴琴派”零札，尹尔韬史料稽考，《我对东皋禅师琴歌之浅见》补正，

《弘历观画图》中的琴，高罗佩以前古琴西徂史料概述，此是乔家正始音——“淮阳琴派”史料再考察，《龙吟馆琴谱》补说——兼谈《梅庵琴谱》版本，诸城琴派、梅庵琴派三题，王燕卿任教南高师时间考，与“梅庵”擦肩而过的吴浦云，顾梅羹“主笔”考辨等十余篇论文。作者在该书的《跋》里写道：

> 古琴素与文史相亲。我自幼胡乱读书，不期然对文史产生了浓厚的兴趣——细究起来也许正是那么多文史典籍对古琴高雅而神秘的描述，引发了最初的钟情。这时故卷新展，兴致正浓，也想为琴学做点实实在在的事，便从身边入手，为乡贤、古琴家徐立孙先生撰写年谱。这是在二〇〇二年。随后又辑录梅庵琴派史料、撰写梅庵琴人传记、修订徐立孙先生的琴学著述，多年来拉拉杂杂，都已接近完工。撰写的第一篇古琴文章也与梅庵琴史有关，即收入本书的《王燕卿任教南高师时间考》，那是在二〇〇四年，至今已逾七年光景。这本《七弦古意：古琴历史与文献丛考》所收，

即为七年中的部分心得。

四月二十二日，叶小沫从深圳发来网信：

收到您寄来的《开卷》第三和第四期，看到弘宁哥哥的文章已经刊出，谢谢您费心。看了第三期的《开卷闲话》，不多几节，竟有三处提到看了我写的那篇文字，回想起了爷爷的为人，大家对爷爷的厚爱令我感动。尤其要感谢郑雷先生，他看过之后这样认真的评点，指出了许多常识性的错误，令我羞愧难当。对于断句和诗词，我确是一窍不通，写这篇文字的时候，也没有向人求教。郑先生的评改，帮我纠正错误，以正视听，实在是非常必要的，请宁文兄一定帮我转告我的谢意。爷爷和爸爸对于文字的认真和谨慎，我都亲眼所见深有体会，学习起来绝非易事，我努力吧！

## 五月

五月一日，收到焦静宜从天津寄来的《来新夏先生资料征集启事》如下：

各位邃谷师友：

著名学者来新夏先生，今年三月三十一日因病辞世，享年九十二岁。作为邃谷师友，大家都不胜悲痛。先贤已逝，后来者尚须努力前行。先生临终遗嘱，一切仪式从简，不举行追思活动等。有鉴于此，整理有关资料并印行，或许是我们纪念先生最好的形式。先生生前为天津问津书院学术顾问，为书院筹建发展尽心竭力，因商之焦静宜老师，今以问津书院之名义，广泛征集有关来新夏先生资料，为后续编印各类出版物暨《来新夏全集》积累材料。现将征集内容开列如下：

一、先生在其各类著述上所书题跋类文字。

请尽量提供整个页面的复印件和电子扫描件（不小于1M，下同），同时附题跋之释文。只有题款和署名者不要。操作不便者可只提供复印件。（择机编印《来新夏先生题跋集》）

二、先生各类信札。

毋论长短，请提供完整复印件和电子扫描件，同时附信札之释文。操作不便者可只提供复印件。（择机编印《来新夏先生书信集》）

三、先生各类题词题字。

包括书名、刊名、斋名及其他各种场合题词、题字等。请提供完整复印件或电子扫描件，同时附题字或题词之背景资料（一百字至两百字）。（择机编印《来新夏先生墨迹选》）

四、未入集的先生已刊文稿。

请提供复印件、扫描件或相关线索，尤欢迎电子版文稿（请注明准确出处）。（择机编印《挂笔集》〈暂名〉）

五、关于先生的评述性或悼念性文字。

请提供原件或复印件、扫描件及相关线索，尤欢迎电子版文稿（请注明准确出处）。已入《来新夏教授学术研讨会纪念集》、《邃谷师友》、《友声集》者除外。（择机编印《友声续集》和《忆弢盦》）

六、关于先生之图片和音像资料。

请提供原件或扫描件、复制件之光盘。（择机拍摄并编辑纪录片）

七、其他与先生有关的出版物、纪念物等。

包括先生早年的各类著述、收有先生文字或资料的早期书报刊，以及证章、档案、海报等其他资料。（择机整理出版图册）

以上所列请诸师友完善并予支持为盼。各类实物及光盘请径寄焦静宜老师（地址：天津市卫津路九十四号南开大学图书馆地方文献研究室；邮编：300071），未制成光盘的零散电子文档请发至邮箱：jwbwzl@sina.com（问津书院王振良）。

天津问津书院　二〇一四年四月二十日

同日，许淇从包头寄赠《辽阔》（散文诗集，内蒙古人民出版社二〇一四年三月版）签名本一册。

五月六日，吴心海持赠《从“土改”到“反右”——吴奔星一九五〇年代日记》（吴奔星著，吴心海编，台湾“独立作家”二〇一四年四月BOD一版)一册。赵普光赠《书窗内外》(上海科学技术文献出版社二〇一四年四月版)签名本一册。本书分“阅读之思”、“书人之间”、“学海一苇”三辑，收录了作者近年研读近现代文学作品和学术著作的读书随笔二十余篇。

五月八日，徐卫东从北京寄赠《敬惜字纸》(海豚出版社二〇一三年十月版)签名本一册及《梁漱溟致夫人的四十九封家书》(梁漱溟著，梁培宽、梁培恕解说，中华书局二〇一四年一月版)一册，该书扉页钤有“梁漱溟”、“家属敬赠”两枚印章。

五月九日，姚峥华从深圳寄赠《书人·书事》(海天出版社二〇一四年一月版)签名本一册。这是作者的第一本书，原名《姚言——我碰巧遇见的书人与书事》，后因故改成现在这个书名。

五月十日下午，由中国现代文学馆主办的《边写边画——六位作家速写展》在该馆开幕。这六位作者分别是小说家、诗人、外国文学研究者、翻译家、文学编辑，他们以爬格子为职业：写诗、写散文、写小说、做翻译……用文字记录人生；这六位作者又以画速写为同好：走到哪儿画到哪儿，用不修边幅的线条和色彩描写生活。展览共展出他们的速写作品一百三十七幅，其中最早的画于一九三七年。这些作品有景、有情、有人、有故事、有历史，呈现出文学与艺术的互补性与别样的人文气象。

“六位作家速写展”缘起于偶然看到肖复兴的异域速写和屠岸上世纪三四十年代的速写，它们既有现场即兴而作的生动绘画性，又在线条色彩中融入了浓厚的文学气息，遂联想起一直坚持画速写的高莽、赵蘅、罗雪村、冯秋子，便有了这个作家速写展。

六位作者的速写作品各有特点。屠岸的速写多作于上世纪四十年代，风景画居多，笔调沉静，充满诗情；高莽的速写多以文化人物、事件为主，具有历史与艺术的珍贵价值；肖复兴的速写随性而作，更似日常所见所感的画录日记；赵蘅的速写手法多样，人物、风景和文化活动现场呈现出丰富的文学景象；罗雪村的速写或简洁或细腻，表达出对现实生活真实而复杂的感受；冯秋子的速写则多是瞬间人生感受的即时勾勒，写实中带有印象的意味和诗趣。

除屠岸、高莽、赵蘅、罗雪村、冯秋子等五位作者之外，来自北京及全国各地的文洁若、邵燕祥、成幼殊、王学泰、杜高、李昕、陈丹青、熊光楷、郑雷、唐吟方、朱航满、石湾、黄显功、吴兵、于奎潮、董宁文等二三百位各界人士参加了开幕式。

五月十一日中午，与谭宗远、赵蘅、朱航满去人民日报社附近的一家医院看望了因病住院的袁鹰先生。此后又去姜德明先生寓所闲聊并转交杨苡签赠给他的《兄妹译诗》和《青青者忆》二书。

同日晚七时许，北京大学教授吴小如在北京寓所逝世，享年九十二岁。

吴小如，生于一九二二年九月八日，原名吴同宝，号莎斋。学生时期，吴小如先后就读于燕京大学、清华大学，并于一九四九年从北京大学中文系毕业。他曾受业于朱经畬、朱自清、沈从文、废名、游国恩、周祖谟、林庚等著名学者，是俞平伯先生的入室弟子，跟随俞平伯四十五年。在中国文学史、古曲文献学、俗文学、戏曲、书法艺术等方面，吴小如都有很高的成就和造诣，被认为是“多面统一的大家”。他一生著述颇丰，著有《古典小说漫稿》、《京剧老生流派综说》、《吴小如戏曲文录》等，直到晚年还笔耕不辍。

吴小如曾在一篇文章中评价自己：“惟我平生情性褊急易怒，且每以直言嫉恶贾祸，不能认真做到动心忍性、以仁厚之心对待横逆之来侵。”提到吴小如的“不留情面”，其学生沈玉成也曾写文章说：“连我这老学生都受不了，所以吴先生到处受挤兑碰钉子，一生坎坷。”

同日下午四时许，与眉睫偶过北京大学中关园，遂起意去吴先生寓所探望，进门得知吴先生上午因身体不适去了医院，刚刚回到家中。在卧室看见躺在床上的吴先生正在别人的协助下与他的儿子通电话。待他打完电话，即趋前问候吴先生。稍稍停留了数分钟即告辞。出门前听吴先生家的护工介绍说，吴先生平常很好，每天可以在屋内活动，看书，与友人说话都没问题，只是今天不巧，刚从医院回来，太累了，不能与你们聊天了。不曾想到的是三个小时后，吴先生会远走天国。

吴先生生前曾为本刊赐稿多篇，且时常会应本刊之约请或赐稿，或题词。本期特刊发书同、顾农二位先生的两篇文章，以此表达我们对吴小如先生的感念之情。

五月十二日中午，与蓝英年夫妇、王得后、王学泰、郑雷、余新伟小聚。午后与郑雷、余新伟、郭睿同访扬之水。

五月十六日，张叹凤从成都发来手机短信："今日得友人招呼晤见赵丽雅女史，现行名扬之水。辗眼二十余年，彼此形容风华不再，近乎老境。然女史文采斐然，敏锐仍旧，著作达二十余种，品位极高。观其意志矫健，又雅好古代名物考证，于钟铭鼎刻，皆见心得。手书笔墨依然秀劲，系米粒小楷，有唐风味。女史，实吾生平所识一奇女子也。"

五月二十三日，柳青从北京寄赠《梅娘：怀人与纪事》(梅娘著，张泉编，中央广播电视大学出版社二〇一四年四月版，扉页钤“梅娘”朱文印和“孙嘉瑞”白文印各一枚）、《又见梅娘》（陈晓帆编选，人民文学出版社二〇〇二年二月第一版）、《再见梅娘》（柳青、侯健飞编，人民文学出版社二〇一四年五月版）编者柳青签名本各一册。柳青附信曰：“五月七日在母亲去世一周年时，人民文学出版社、中央广播电视大学出版社联合在中国现代文学馆举办了《再见梅娘》与《梅娘：怀人与纪事》两本新书出版座谈会，两社社长和现代文学馆前副馆长吴福辉先生也到会讲话。会开得很好。现在把这两本书给你寄去。《又见梅娘》是再版，原为二〇〇二年‘漫忆女作家丛书’之一，也一并寄给你。”

五月二十四日，祝兆平从苏州寄赠《书斋夜读》（上海科学技术文献出版社二〇一四年四月版）毛边签名本一册。此册为毛边本五十册之第十五号。

五月三十日，收到吴中杰从上海寄赠的《中国现代文艺思潮史（增订本）》（复旦大学出版社二〇一四年五月版）签名本一册。本书将中国现代文学史上限定在一九一七年的文学革命运动，下限定在一九七九年的全国第四次文代大会，全书着重论述这六十二年间的文艺思潮流变。文学革命运动从“五四”文化精神出发，否定了载道文学，提出了个人的文学，否定了瞒和骗的文学，建立了真诚的、写实的文学。虽然后来仍不断有所反复，但回归“五四”已成为许多人的共识。该书即从史的角度来描述这种走向。

吴中杰，一九三六年出生，一九五七年毕业于复旦大学中文系，留校任教。教授、博士生导师。主要从事文艺理论、鲁迅专题、中国现代文艺思潮与中国古代审美文化的教学与研究工作，兼写杂文随笔及纪实文学，将人生体验与学术见解融入其中，自成一格。主要学术著作有：“吴中杰鲁迅研究系列”（八部）、《文艺学导论》、《中国现代文艺思潮史》、《海上文谭》（与高云合作）、《1900—1949：中国现代主义寻踪》（与吴立昌合作主编）、《中国古代审美文化论》（主编）等；散文集有：《人生大戏场》、《旧途新旅》、《海上学人》、《复旦往事》、《曦园语丝》等。

## 六月

六月十五日，萧向阳从长沙发来网信：

张艺谋的新片《归来》原小说《陆犯焉识》作者严歌苓，其实是北影的家属，但很多北影人却不知道。

严歌苓的生父是萧马，后母即北影演员俞平。二〇〇一年之前他们住在七号楼四门三〇一，我住四〇二(二〇〇一年他们搬迁至二十七号楼，我则搬家至二十八号楼，来往才少了许多)。

由于“文革”，我和俞平成了生死之交，她儿子和我儿子还是同班同学。我和萧马不但有合力写作的交往，还同是古典音乐“发烧友”，常常在一起探讨许多事情。

没有想到，当年这个跳舞蹈的小丫头，竟然成了大作家！

六月十六日，收到徐重庆从湖州寄来的《赵易林日记》（一九六二—二〇一〇年）自印本（杏梅园隅斋藏版，二〇一四年四月）一册，此书为非卖品，印数为一百五十册。本册编号为十七号。赵易林在该书《后记》中写道：

承蒙湖州义弟徐重庆抬爱，要为我出版《赵易林日记》，在进行初校时，对比先父的《赵景深日记》以及三十年代销路甚广的《莎菲女士日记》，一时信心全无，因此去函要求学慈禧太后的样，只印五册（昔年我曾撰文《只印了五本的书》，发表于《新民晚报》副刊《夜光杯》）分赠子女、岳家并自留一册。不料他回信竟说："兄说自己日记内容芜杂、无学术含量、无可读性，我的看法正巧相反。日记极具精彩，不单体现了兄忠厚老实的为人，也还可补老人家日记的不足。我认为是太好了，所以不同意只印几册，而是要印几百册。山东济南大学泉城学院已创建日记研究中心，原来印的日记杂志也归该研究中心，让他们去分送读者。"要印一百五到两百册！他的话增强了我的信心。因此可以说，没有他，也就没有我日记的印行。我感谢他。

赵易林，一九二七年四月二十二日生于上海虹口。一九五二年复旦大学数学系毕业，随即在上海卢湾区光明中学任教，后又升任华东师范大学数学系讲师。业余从事文学创作，迄今历时六十余年。二〇〇四年三月由山西古籍出版社出版其《赵景深的学术道路》，二〇〇六年四月自费出版《八旬翁诗文选》。

六月三十日，收到顾国华从浙江平湖寄赠的《文坛杂忆》(卷三十，期终刊)、《中国历代讽刺诗歌丛话》(王钟琴辑著，自印本，上下两册)。顾国华附言告知上海书店出版社即将出版的《文坛杂忆》合订本前六本为第一套，大约年底前后可出版，陈平原写于二〇一四年五月二十一日的序言题为《民间立场、精神与趣味——顾编〈文坛杂忆〉合订本序》。顾国华在为《中国历代讽刺诗歌丛话》所作《再记》中写道：

王钟琴先生的遗编《中国历代讽刺诗歌丛

话》，系二十世纪八十年代中期在金卫化工厂工人大学讲课时抽暇选编译注而成，九十年代中期因拆迁搬居浦东后最终定稿，前后历时十年，我曾将此编寄湖南岳麓书社刘柯兄处，几年后，上海古籍出版社亦曾约审过；也与西泠印社出版社商榷过，当时都认为市场前景不乐观而流产。王老仙逝后，老太太徐贞顺将遗编赠我保存，我再次拜读，深信选诗精当，语译妥帖，注解翔实，有的《闲话》又发挥了他自己的感想；这对讽刺诗研究者，普及古典诗词大有裨益，特别是古代讽刺诗内容的现象在现代表现仍烈，不过是改变了形式而已。读这些讽刺诗而联系到现在社会的某些糜烂、腐败；整个社会各个层次道德沦丧，有相应对照的现实意义，这是我决心全额赞助此书的理由。

## 七月

七月二十九日，受晓星兄之托，给钟叔河先生写了一封电子邮件：

今有我的好友严晓星转请先生担任《掌故》顾问，以下是他对这本刊物的一些设想及第一辑的目录，大约年内可以出版。这样一本刊物在目下去编辑，确实难度不小，但对于喜欢文史掌故的读者来说，无疑是一个不错的事情。为了增强刊物的厚度与深度，晓星兄与中华书局李世文拟在这本刊物上聘请三五位顾问。晓星兄多次电话谈及，且雄心勃勃，想把这本东西办好，知道我与先生熟悉，一定让我转请您做顾问。我只能勉为其难地如实陈情，恳盼您能给予支持为欣。

同日下午，钟叔河从长沙回复网信：

《掌故》选目甚妙，愿得一观，但"顾问"不敢承担，因我僻居楚南，足不出户，事实上无法去"顾"，严君亦没有可能来"问"也。

当晚，严晓星发来网信：

多谢。若方便请代转此意：一则创办杂志，颇为艰难，不欲从俗，严守泾渭，压力更大。

乞为顾问者，亦请求帮助之谓。二则叔河先生看到杂志，是谓"顾"也，必有以教我，且如今联系从容，"问"学方便，我作为先生多年的读者，受惠久矣，也多次想请益于先生，只不过不愿打扰，做了"沉默的大多数"。甚盼先生再考虑一下如何？

数日后，钟先生在电话中应允。

## 八月

八月十八日下午，由上海辞书出版社主办的《开卷书坊》第三辑首发式暨签售会在上海书展世纪出版馆举行。本套丛书中陈子善、刘绪源、周立民、子张、子聪等五位作者与数百位读者一道分享了各自的读书体会，并为购买他们新书的读者签名留念。

这套图文并茂的读书随笔丛书，自二〇一一年上海书展期间推出第一辑以来，以其开本精巧，别具一格，深受读书界的好评。第三辑共十本，作者中既有德高望重的学者钟叔河、李文俊、陈子善等先生，也有近年享誉读书界的知名学者刘绪源、周立民、子张等先生。丛书由多次荣获“中国最美的书”设计奖项的著名装帧设计师朱赢椿整体设计，采用精巧的小三十二开本，纸面精装，书卷气浓郁，每本书中都配有许多相关的珍贵手迹、照片、书影等。

在首发式上，因年事已高未能与会的钟叔河、李文俊等先生特意委托出版社给读者钤印留念。首发式后，上海辞书出版社与南京《开卷》杂志还约请了马振骋、王圣思、陈克希、杨小洲、余佐赞、于欣、陈飞雪、赵艳斌、刘毅强、刘小明、杨月英、霍丽丽等学者、专家、编辑与作者陈子善、刘绪源、周立民、子张、子聪等三十余人一道对本套书的出版进行了品评座谈（座谈会发言纪要见附录）。

## 九月

九月二十三日，问津书院刊印的《问津》（第二卷第九期，总第二十一期）印出《忆弢盦》（上）纪念来新夏先生专辑，该辑分为传媒之声、感念情深、乡谊交游三个部分，近百篇相关纪念文章。来先生夫人焦静宜女士在题为《他在余霞满天中走进历史》的代序中写道：

> 先生的晚年是幸福的，“衰年变法”既是先生学术观念的转变，也体现了他对自由理念的追求。他成功了——先生毅然走出纯学术的象牙之塔，用随笔的形式，把几十年积累的学识和见解用民众可读和喜看的文字表达出来，由回归民众、贴近民众而反哺育民众。十余年间，先生笔耕不辍——写读书的时有所悟，化艰深为平易；写世情百态，诠释人生；写古今人物，求历史的公允，发故旧的幽微。以求知人阅世，有益于后来。由一九九七年出版的第一本随笔集《冷眼热心》始，至今有《枫林唱晚》、《邃谷谈往》、《一苇争流》、《依然集》、《不辍集》等三十余种随笔集奉献给大众，先生的作品得到了广大读者的喜爱和关注，而他自己也在抒

怀遣兴中“似乎回归到依然故我的纯真境界”。

先生是在“难得人生老来忙”的愉悦中度过的。他带领团队按时完成了国家的清史项目《清代经世文全编》，他在米寿之年出版了《近三百年人物年谱知见录》（增订本）和《书目答问汇补》两部巨著，他聚集学界才俊主编当前体例最称完备的国学基础教材《目录学》读本，他领导下的地方文献研究室为故乡萧山整理出版了百余万字的《萧山县志稿》和大型历史文献《萧山丛书》，他还一年有一两种随笔集问世。至晚，他更把推助文化繁荣视为责任和人生乐事，他不仅经常把所思所悟通过报章与读者分享，还为他人成果问世大声鼓呼，不遗余力：尤对上进的后学，则尽心扶植，乐观其成。睿智、宽厚与真诚使先生桃李满园，友朋遍南北，或有客上门、或远方飞鸿……然而先生在忙碌中生活井然有序，平时上午在电脑前读书写作，下午自娱看报待客，饮食起居，情趣怡然，还不时小有新意。二月二十日，他的最后一篇随笔定稿；二十八日，他还在为电视台的国学普及节目录像。在大家心目中，他始终健康并快乐着，生命的奇迹当非他莫属。

九月二十六日下午，由人民日报出版社、秋歌文化、开卷工作室联合主办的《问津文库·开卷闲书坊》首发暨品评座谈会在北京中国现代文学馆举行，本丛书的许宏泉、唐吟方、子张、祁白水、老五、金小明、子聪七位作者与屠岸、文洁若、陆文虎、王得后、李文俊、张佩芬、林东海、宋红、李世琦、陈远、姚伯岳、张瑞田、谭宗远、黄乔生、陈徒手、郭睿、石湾、朱航满、罗雪村、张杰、丁杨、李菁、宋国强、杨频、李修建、汪家明、赵蘅等四十余位学者、翻译家、出版家、书画家以及《人民日报》、人民网、中央电视台、《中华读书报》、《中国新闻出版商报》、《北京日报》、《北京青年报》、《京华时报》、《作家文摘》等十余家媒体人士出席了此次活动。

本套丛书是《开卷》杂志策划的"开卷"系列丛书继《开卷文丛》、《开卷书坊》之后的最新一套"闲书"丛书，这几本书不论是说名人墨迹、手札，还是谈民国版图书的装帧及装帧家，以及“画说汪曾祺”等，都是纯正的闲文闲话，读来轻松且韵味十足。

本套书由多次荣获“中国最美的书”设计奖项的著名装帧设计家周晨担纲书籍整体设计，采用法式精装的极富设计感的形式，各册书名分别由张充和、周退密、流沙河、白谦慎、邵燕祥、王稼句题写，为丛书增添了浓郁的书卷气。

## 十月

十月六日，朱航满从北京发来网信：

> 最近几天，抽空将《开卷闲书坊》一套翻阅一过，颇有知堂老人“可消永日”的感慨，这就是闲书的魅力。我为此写了一篇闲文，谈此书的整体印象，属于闲话性质，发给您看看，不知能否在《开卷》上发表？昨日收到子张先生寄来的著作《一些书　一些人》，干净、雅致，令人惊艳。

十月七日下午，“开卷”系列丛书——《开卷书坊》第三辑、《问津文库·开卷闲书坊》无锡读者见面会在无锡百草园书店举行，来自上海、杭州、南京三地的作者陈子善、刘绪源、子张、子聪、毛乐耕、金小明以及蔡玉洗、王稼句、周晨、吴心海等与无锡书友严克勤、吴海发、黑陶、陈天水、郜峰等三四十人在一起谈书、品书、签书，书友们在今年刚刚被评为江苏最美书店之一的百草园书店度过了一个下午的读书时光。

十月八日，郜峰从无锡发来网信：

> 荣智安女士最近在无锡玉祁一画集团作画，我应邀去采访她了，感觉很好。她是荣氏第三代，荣德生的孙女，荣毅仁的侄女，华裔美籍画家，七十四岁。我写了三篇拙稿，取舍由你。近日，在百草园相会，得益匪浅，活动精彩，我还是第一次参加这样的活动，今后《开卷》的活动，我还是很想多参与的。你把《开卷》办得如此贴心于读者，愚弟十分佩服，同时感谢长期惠寄《开卷》，只是因内心浮躁，没有及时详细拜读有关佳作，一直怀有愧疚！昨天

回去连夜读了陈子善的新著《自画像》,甚是仰慕其淘书经历以及对学术的执着和内行,文笔又极其老练放松,不愧大家风范,其中也有兄成人之美的功绩可寻!

十月二十三日,《问津》(第二卷第十期,总第二十二期)《忆弢盦》(下)印出。此编分为音容笑貌、往事风怀、学术人生、诗联唁电、附录等几个部分。编者杜鱼在《编后记》中写道:

来新夏先生离开我们半年多了,但十余年的近距离交往,使得我有很多话要说,然而除了《文史知识》上那篇拙文,我至今难以完全平静下心情,写上一点儿像样的文字。夜里偶尔失眠(这也是近两年新得的毛病),常会回想起与先生交往的场景,总觉得千言万语倾吐不完,但等真正打开电脑敲击键盘,却又不知该从哪里说起了。为来新夏先生做些事,于我绝对义不容辞。虽然我非先生亲传弟子,抑或不敢“私淑”,但多年面炙聆教,使得我的学术活动(如果勉强算数)和生存选择,几乎都被先生的教诲所轨范，被先生的影响所笼及。作为先生的纪念文集，《忆弢盦》的分量，远超出我们最初的预期，因此不得不分装成两册，虽仍然显得偏厚。不过这却可以真切看出，先生在学界和民间的巨大的双重影响，而这在先生那一代学人中并不多见。

## 十一月

十一月四日，白化文先生从北京发来网信：

承蒙不断地掷下《开卷》，这是我十分需要的，非读不可的杂志。可是，我对杂志老没有贡献，十分愧赧，很怕有一天不再掷下了。但我又没有什么能写的。着急呀！现在，好不容易有点能报告的，不管要不要，先寄来。

第十期谈到汤用彤先生。汤校长是我于一九五〇至一九五五年在北大中文系求学时的副校长，那时他已经不讲课了，我们在全校性的大会上可是经常听到他老人家的讲话的，至今耳熟能详。汤老说一口黄梅土话，北方人初听不易懂。例如，我们常学他老人家常说的一些词儿逗乐儿。“ermenma”，初听似乎是“儿们嘛”，有人就说，汤老爱学生，把大家全当儿子们对待。实际上，是“你(尔)们嘛”；“dofuma”，说的不是“豆腐嘛”，而是“杜甫嘛”。

汤一介、乐黛云两位都是我老师辈分的。他们是家属，不会正面答复此等事的。还是让老学生来作答吧。

十一月十日，韦泱从上海寄来两册《退密诗历六续》(二〇一三年六月—二〇一四年七月)并附言：“周日路经周老寓所，去看望他一下，他嘱给您寄书，另一册烦您转他侄儿。他说这是他最后一本诗集了。确实他什么都不写了。”这本自印书除了诗历外，还附有《退密文稿补编》二十九篇以及一篇其兄周昌铭写于一九六三年的《清明上坟记》。

同日，@卢润祥微博：

收到南京《开卷》九、十两期，皆从书的序

跋，文笔洒脱，饱含情致，信马由缰。从中学到应如何掌握写作中的表达，克服干涩，启发良多。此外，刊登沈寂老先生《未尽孝，终成憾》，了解了作者不为人知的奋斗坎坷。文章充满感染力，可谓催人泪下，也是一篇耐读的佳文。

十一月十一日上午八时许，中国民主促进会会员、上海古籍出版社退休编审王勉（鲲西）在上海仁济医院去世，享年九十七岁。

十一月十五日，吴海发从无锡来信：

《开卷》九、十两期均收，及时寄我，及时读毕，总是得益匪浅，深致谢忱。第七期上忆张晖，很是动人。张晖勤谨过人，成就也过人。如果天假年华，他将取得更大成就，精益求精，或为一代精英代表。他的《龙榆生年谱》刚出版，我就注目于他，认为起步出众，未来将不可限量。我读竟大著，曾经提出补充资料，是关于龙榆生朋友郝鹏举的资料。郝在华东战场再次被俘，临刑前陈毅赐见，对话有文章记录，发表题为《陈毅赐见郝鹏举》，张晖也回信示谢。但是，我与张晖无一面之缘，怅怅。《开卷》忆张晖之文，是约稿之作，还是投稿之作？倘是后者，说明《开卷》在高校里已有知名度，作者将这样切实有内容之作披露于贵刊，是贵刊的成功。我建议贵刊按期寄赠大学中文系办公室或大学图书馆，让大学师生阅读，写稿。不过大学师生写稿，很注意刊物级别，评职称时可获多少分数所谓任职考核量化吧。第七期上另有一文记吾师沈祖棻先生，感兴趣，下笔很不一般。文中用了“漫漶”一词，细读上下文，在这里是用错了，漫漶是模糊不可辨别的意思，该文要说的是弥漫的意思，恰恰适得其反。对否，请裁定为感。

日前，盈水轩在其博客贴出这样的一条信息：

首届齐鲁散文奖是由山东省散文学会设立并主办的省级散文创作专业奖项，每两年举办一届。经专家严格评审，徐明祥的《潜庐读书记》获得首届齐鲁散文奖。书话是一种独特的散文文体，描摹书人书事，注重关于书的掌故、事实、观点，笔意含情，富有书卷气。徐明祥的《潜庐读书记》是作者独到的品书心得，寄托着读书人精神的走向，洋溢着一股勃勃的诗性成分和强盛的美学品质，彰显着一派温润的人文气息。《潜庐读书记》获奖，体现了山东散文界对书话作品的重视，代表了山东书话创作的最高水平。

十一月二十二日下午三时许，与韦泱去上海安亭路寓所看望一百零一岁的周退密先生，老人端坐在寓所窗下的小桌边，神清气爽，娓娓道来开卷闲话，所谈甚洽。并当面赐赠两册自印的《红豆词唱和集》(周退密辑录，退密楼丛刊第一种，二〇一三年十二月精印五百册)存念。一册题“宁文道兄指谬　弟周退密呈教　甲午九秋于草阁”数语，一册题“周退密呈教　甲午九秋　年百又一岁”。

十一月二十六日，收到酸枣小孩寄来的由其主编的《向度》创刊号(2014/09)、二号刊(2014/11)各一册。在这本自印书创刊号的封底，印了这样一句话：“何谓‘向度’？即超越不同向度的边界，从不同向度的普遍联系去观察事物或问题。我们希望在多元社会里，不同的话语方式和思维方式可以引来不同的观照体系，由此帮助读者去理解世界和生活的宽度和深度，从而打破一切固有的思想边界，进入一个新的全维视野，一个完全不同的阅读视界将展现在您的眼前。”创刊号设有品城、对话、人间地理、灵魂壮游、诸子百家、朝花夕拾、世相百态、曲水流觞等专栏。

同日，收到钟叔河从长沙寄赠的两册《人之患——为别人做的序》(海豚出版社二〇一四年八月版)，另一册转赠杨靖华，杨先生数月前曾为钟先生制名印一枚。钟先生在两本书上均贴有《叔河赠书》书票一枚。在赠子聪那册的扉页上写了这样几行字：“崔文川君好意要为我制藏书票，我无力藏书，便请他为我制几张‘赠书票’，先给你和靖华君赠上，请哂收。”这两枚书票编号分别为4/100、5/100。钟先生在这本书的自序中这样写道：

> 虽然是由于知堂，由于感情而“为人序”，也许尚未达到“好”的程度，但毕竟不到三十年

写了三十多篇，也可算“不学而好多言”了。如果还能再活几年总当牢记顾先生的教导：“人之患，在好为人序。”现在便将这册书取名“人之患”，警惕自己不要再为“患”了吧。

本书中收入钟先生所写《董宁文编〈我的笔名〉序》一文。

十一月二十七日，桑农从芜湖发来网信：

寄来的签名本及整套《开卷闲书坊》收到，非常感谢！这套书既保持《开卷书坊》一贯的风格，又有新意，可喜可贺。尤其是每本书都是一个专题，相信更会受到读者欢迎。我因事，近一年时间未曾留意“读书界”现状，印象似乎不如前些年热闹。民办读书报刊仍在坚持，特别是您今年推出的两套书，可谓难得的亮点，真是不容易。

同日下午，薛冰在南京观筑沙龙赠《书生行止》（百花文艺出版社二〇一四年八月版）毛边签名本一册。薛冰在后记中解题道：

从事写作三十余年，以一九九六年为界，

大致可以划分为前后两个阶段。前段主要是写小说，后段所写的书话、散文、随笔，除已出版的三十余种外，散见于报刊的尚有三四十万字。本书选入的，约占五分之一，因多关涉书人书事，所以取《书生行止》为题。

十一月二十八日，金陵薛冰在其微信及微博发出一条信息："昨天下午在南京美大纸行观筑研究院，与董宁文、陈卫新先生商定，将于二〇一五年四月在南京举办《开卷》创刊十五周年纪念活动，届时将邀请民间读书刊物同仁及相关学者来南京相聚，为促进民间阅读，再做贡献。"

十一月二十九日，收到沈胜衣从东莞寄赠的《闲花》（中华书局二〇一四年十月版）签名本一册，沈郎在扉页写下这样两句话："闲，是门庭有木荫。花，乃草间的化境。"在题为《让闲花再开》的自序中这样写道：

> 自感这些花木文字，有心情感悟的倾诉，但不止于单纯的文艺抒情，不将植物仅视为寄托的象征；有文史知识的传递，但不提供枯

燥的应用技术，不将植物仅作为实用的客体。我的心愿是回到植物本身，以花草为主角；又从植物出发进行拓宽领域、活泼无拘的跨界写作，冀望纸上花木能在生活的各个空间盛开。

本书分为声色花木、探花之旅、书生草木三辑三十余篇文章。

同日，陈学勇从南通发来网信："近为南师大赵普光君作一书评，主要借此发自己的奇谈怪论。有涉姜德明先生处，能否转阅？前些年姜先生曾多题赠大著，但不详其邮箱，故有劳。近日沈文冲兄正筹办民刊《毛边党》，顺告。"陈学勇在这篇题为《絮语书话写作》的文章中写道：

> 我是喜欢读书话的，也写过一些关于书或与书相关的人和事的文章，充其量算是"泛书话"的东西。书话可介绍知识，可交流心得，可考辨真伪，可钩沉辑佚，偏重一二，哪怕仅其一即可，无须全备。我的体会，超乎其上应是读书人的情调，而不妨视"闲"为情调的一个核。

书话不可无“闲”，闲散、闲适、闲淡、闲逸、闲趣。不妨说，书话是关于书、书人、书事的闲话。闲中出性情，书话需有性情，有了性情才添文章魅力。赵景深这么称道唐弢：“晦庵的书话极富于情趣，有好几篇都是很好的絮语散文，意态闲逸潇洒，书话本身就是文艺作品。我因为喜爱它们，便每天从《文汇报》剪下来保存。”赵老先生跟着又写起了书话。写书话，一严肃，一板正，出品俨然高头讲章，便远离了特定读者群，不如去写书评，写论文。

书话的文字最好也漂亮点儿。诚然，文字漂亮不应看作书话必备条件。可它实在给书话传播安上了飞翼。唐弢书话所以影响大而久远，显然与他漂亮文字、文学色彩不无关系。唐弢之前，有过别人的文章：《鲁迅书话》、《书话二节》，其书话二字的字义似限在标题。自唐弢的书话文章出来，始以文体概念为读者所接受。唐弢有名的四个“一点”，不管是“事实”、“掌故”，还是“观点”、“抒情”，均系于他老到、闲雅的文字。没有漂亮文字支撑，他的书话大概只等同寻常作者。说文字漂亮，不是指下笔时讲究文词华丽，不是字面求美求艳。它的漂亮，积作者非一日之寒的文字素养、文字功力。有此素养、功力，行文时自然地必然地流露，想不流露都困难，已成文字秉性矣。体现在书话里，剪裁得法，叙事得当，表达得体。哪怕不专事来一点抒情，爱书之情亦溢于字里行间。这样的漂亮，是一种扫净铅华的绚烂之极。书话文体的大归属，与其说表面上很像评论（一不注意便会写成书评），不如说近似散文。散文里有随笔，随笔里专写书、书人、书事的即书话。书话是散文的分支，或者说，散文的别格。

**同日，张运昌从成都发来网信：**

这两日看完了几小本的《开卷》，真个是心生欢喜。想必我是《开卷》读者中的第三代吧，能够知道《开卷》，自然要感谢给我很多启发的理洵先生。记得我给同学念叨过，我说读着我喜欢的先生的文字，我越发觉得我们这代人，和上一代，和上上一代人相比，身上缺少宝贵东西了。地质上有个术语，叫断层，很显然，在我们这儿，突然就出现了一条很大的断层。可是几乎每个地质人都知道，宏观上的大断层，在野外往往并不是很好判断的。但是一经证实，再反过来看，证据之多又显而易见。收到《开卷》的那天，我拿到办公室里，打开后循着单子，给您发去了短信，觉得真是寒酸，却又不知道该怎么表达我的谢意，实在是因为自己过于口拙的缘故。同事看到后，问我在看什么，我说乱看了，于是他坐在椅子上滑了过来，看了看封面，说，原来是"问卷"啊。又翻了几页，在椅子上滑过去时，听到他嘟囔这么一句，"问卷"做成这样，真是很扎实的。

十一月三十日，冯春龙从扬州寄赠他老师祁龙威先生去世一周年纪念文集《朴学的守望者——纪念祁龙威先生文集》（广陵书社二〇一四年十月版）一册。祁龙威，生于一九二二年。江苏常熟人，太平天国史研究专家，扬州大学人文学院教授，扬州大学中国近现代史硕士点创始人，曾任全国太平天国史研究会顾问，江苏省历史学会顾问，扬州大学历史系主任，九三学社中央委员、扬州市委主委等。主要学术著作有《太平天国史学导论》、《太平天国经籍志》、《考证学集林》、《龙威读书录》等。

## 十二月

十二月二日上午携《退密诗历六续》往南京城东看望周老侄儿周曾盛先生，周先生年已八十七岁，相晤两小时。送周先生《开卷闲话序跋集》及数册近期《开卷》（序跋集书名为周老退密先生去年春所题），周先生回赠郑逸梅《南社丛谈：历史与人物》（中华书局二〇〇六年七月版）一册。周先生说他叔叔曾为郑逸梅题过“纸帐铜瓶室”斋名，希望我也请周老题写“开卷楼”斋名岂不妙哉。

十二月三日，计伟从青岛发来网信：

方奉悉您所惠赐《开卷》七至十期，又拜

领新出版的《开卷闲话序跋集》，欢喜无限，深深拜谢！拜读《开卷》整十年，越来越感觉每期的"闲话"是重镇，是压轴戏，是横跨儒林、文苑两个领域的历史。从《开卷闲话》始，我购藏的不齐，但内容基本都读过，今捧读"序跋"，仿佛从《开卷》辟出的书山隧道又走了一遍，既叹光阴之迅速，又佩服吾兄之眼光、学识、毅力。

十二月五日，杨建民从汉中发来网信：

前两天去西安看女儿，乘便到"省图"读书。几度翻检，借回六册。回后大读。挑挑拣拣，还是觉着百期珍藏版《凤凰台上》好。便使劲读。因想着要还，想多读一些文章，结果晚到凌晨两点多。耽误了一些睡眠，对他人也稍有影响（女儿过来提示数次），可大致读毕，囫囵吞枣，也大过瘾。《开卷》文，和他书比对，显得醇厚，有劲道（耐嚼），这么些文字集合一起，大不易。一种刊物文章聚合，形成某种"格"，终究是编辑眼界、胸襟的一种展示。想想，实在应该感激编者的努力才是。昨天还书，还是不忍，终于借到几部书，想回汉中后读毕寄还。其中又是一册《开卷闲话七编》。书不大，合适装在口袋里，在车上想读，想想不静。终于带回家来。昨晚读毕。这些文字虽然在每期《开卷》中都读过，可集中读，还是有味。真解渴。早晨起来，乘兴向您汇报。乱乱，言难尽意，可仍希望能致奉诚挚敬意。

**十二月七日，李福眠从上海来信：**

《开卷闲话序跋集》十二月一日收到，容慢嚼。

甲午一年弟蜷伏苏昆花桥镇，涂鸦读格律诗之文。连往年所书，得文七十六篇。一位旧书摊老板说，“淘书写文章，是养猪积肥”。萌萌哒，诚哉斯言。拙文拟名《疏林平仄》。

弟除每周二天之跨省赴沪返聘打工外，余日晨步，沿河过埂，廿五分钟至集贸市场，或购猪头肉，或购甜酒酿；或品酱香饼，或用爊灶面；拎蔬菜、红薯、米油而归。

此地难见报纸，绿田空旷。冷僧生涯，惬我心境。今年只接到电话三只。依次为：张元卿询顾肯堂是否为顾亭林之后人；韩羽先生新著，收我一函，询相关链接；韦泱询，薛冰方家赠我之新著《书生行止》已寄至其处，是弟跨省去取，抑寄弟寓？

津门王振良之文字，张元卿之墨笺，无沆瀣浅薄之恶鄙。两位书虫，我见过一面。

拙著《疏林尺牍》自校小样，甲午六月底交毕，至今尚无胎动之息。

“闲话”近期不精彩。

十二月八日，林伟光从汕头寄赠《艺谭》（中国方正出版社二〇一四年十二月版）签名本一册。

十二月九日，由新美阁、《开卷》杂志、冯其庸学术馆等单位联合举办的彭国梁原生绘画展在无锡冯其庸学术馆开幕，此次展览共展出彭国梁近年创作的百余幅原生绘画作品，作品题材丰富，表现手法独特。据悉，此次展览为期一个月，也是冯其庸学术馆开馆两周年纪念特展。

十二月十五日，旨在鼓励文学创作，激励会员多出好作品，上海市作协设立了“上海市作家协会年度作品奖励”计划。首届(二〇一三年度)作品奖励工作终评揭晓，本刊作者韦泱二〇一三年七月在上海辞书出版社出版的《旧书的底蕴》(《开卷书坊》第二辑之一种)获得“二〇一三年度作品”奖。

# 二〇一五年

## 一月

一月一日，韩石山从北京寄赠《少不读鲁迅老不读胡适》（韩石山著，中国友谊出版公司二〇〇五年十月版）题签本一册并《开卷》十五周年庆贺书法一件，所书为傅青主题画诗一首：

江北无梅只有雪，寒空万里清而洁。

兴来写得一枝春，人力能补天地缺。

赠书扉页题曰："出版十年，此书已成名著，是鲁非鲁者讲课著文若不提此书就有举证不周之嫌。"

一月二日，诗人吕剑在北京去世，享年九十五岁。吕剑，一九三八年开始从事文学创作，一九四九年加入中国作家协会。著有诗集《进入阵地》、《英雄碑》、《溪流集》、《喜歌与酒歌》等，散文杂文集《一剑集》、《双剑集》、《燕石集》等，诗论集《诗与斗争》、《诗与诗人》等。吕剑生前也是《开卷》的老作者，开卷系列丛书曾出版过吕剑的三本书：《双剑集》（《开卷文丛》第二辑之一种，岳麓书社二〇〇五年三月版）、《燕石集》（《开卷文丛》第三辑之一种，湖南教育出版社二〇〇七年四月版）、《吕剑诗文别集》（《凤凰读书文丛》之一种，南京师范大学出版社二〇〇九年八月版）。

一月六日，收到吴昕孺从长沙寄赠的《文坛边上》（海天出版社二〇一四年十一月版）签名本一册。此书选录了作者二〇〇八年至二〇一二年间与文坛有关的部分日记。

一月七日，收到王任从济南寄赠其所编的两本书：《哭摩》（胡適等著，王任编，金城出版社二〇一二年九月版）、《缝隙里的面孔》（朱铭著，山东画报出版社二〇一一年五月版）。王任附言曰：

> 《哭摩》文献集，侧重以史料梳理，还原徐志摩遇难事件，“有一分证据说一分话”。《缝隙里的面孔》是朱铭先生的“回忆录”，冯克力先生和我策划并编辑，可惜朱铭先生未等到此

书付印即去世了。此书中有多处忆及有关南京的往事,“踩雷记”尤为精彩。

一月八日上午,访姜德明先生。姜先生欣然为《开卷》创刊十五周年题词:“《开卷》惠我良多,每每开卷如晤老友——写给《开卷》十五年。”下午,由北方文艺出版社主办的“纪念杨宪益先生诞辰百年丛书”新书发布会在北京国展中心举行。翻译家、作家、诗人屠岸;翻译家、作家文洁若;老舍纪念馆名誉馆长、老舍长女舒济;学者、作家陈丹晨;画家罗雪村;画家、作家赵蘅;《今晚报》副刊部主任王振良;学者、作家臧杰;冯其庸学术馆副馆长、书法家余新伟;北方文艺出版社社长宋玉成以及京城文化界、出版界、新闻界人士百余人出席了此次发布会。

这套由北方文艺出版社出版,杨宪益胞妹、翻译家杨苡及杨苡之女赵蘅主编的“纪念杨宪益先生诞辰百年丛书”,包括《去日苦多》(杨宪益著、董宁文编)、《魂兮归来》(杨苡著)、《逝者如斯——杨宪益画传》(杨苡、赵蘅编著)、《宪益舅舅百岁祭》(赵蘅著)、《金丝小巷忘年交》(范玮丽著)和《五味人生——杨宪益传》(李伶伶、王一心著)六本书。这套丛书中,既有亲友近距离描述杨宪益音容笑貌生活实况的纪实文字,也有后辈学人对杨宪益一生的研究探寻。此外,“杨宪益画传”首度展示了杨宪益大量的珍贵照片和手迹,弥补了现有杨宪益传记及记录性文字的不足,对于研究杨宪益的生平,了解二十世纪中国老一辈知识分子、文化精英历经坎坷的生存状态以及当代中国史均具有珍贵的史料价值。

同日,臧杰在北京赠其主编的《良友书坊·闲话文库》新近出版的周实所著《老先生——书屋里的书生底色》(青岛出版社二〇一四年十一月版)。书中收录了作者所写与其交往过的二十八位老先生——胡绩伟先生、李锐先生、李慎之先生、李普先生、吴江先生、戴文葆先生、萧乾先生、卞之琳先生、洁泯先生、张中行先生、舒芜先生、朱正先生、钟叔河先生、朱健先生、彭燕郊先生、杨德豫先生、资中筠先生、蓝英年先生、邵燕祥先生、公刘先生、流沙河先生、谷林先生、江枫先生、黄永厚先生、方成先生、田原先生、未央先生、余凤高先生。

一月九日，历史学家庞朴在山东济南逝世，享年八十六岁。庞朴，原名声禄，一九二八年十月生于江苏省淮阴县。一九五四年，从中国人民大学哲学系研究班毕业后回到山东大学任教。曾任《历史研究》主编、《中国社会科学》副总编辑，中国社会科学院研究员，山东大学特聘教授、博士生导师，联合国教科文组织《人类科学文化发展史》国际编委会中国代表，"国际简帛研究中心"主任等。二〇一〇年，被山东大学评为终身教授。

庞朴学术研究领域十分广泛，在中国哲学史、思想史、文化史、古代天文历法以及出土文献等方面尤有精到的研究，主要著作有《〈公孙龙子〉研究》、《一分为三——中国传统思想考释》、《竹帛〈五行〉篇校注及研究》等。庞朴的主要学术思想和活动主要集中在"一分为三"说、"火历"说、出土文献研究以及推动二十世纪八十年代的文化研究热潮。庞朴多年前曾为本刊赐短文数篇。

同日，收到吕浩从西安寄赠的新著《待雨轩读书记》(海豚出版社二〇一四年十二月版)毛边、切边签名本各一册。

一月十二日,收到刘文杰从河北迁安寄赠的《西园闲草》(作家出版社二〇一四年五月版)签名本一册。本书分为西园谭屑、西园新语、西园闲话、西园闲情、西园闲味、西园师友、景德镇等几个部分。一个“闲”字贯穿全书。

刘文杰,别署樗堂、西园、停云楼,一九六九年生于河北迁安,师从书画篆刻家古泥先生。中华诗词学会会员、古泥艺术馆副馆长、“书法网”特约评论员、河北省书法家协会会员、河北省美术家协会会员等。出版有《当代青年书画名家精品·刘文杰》、《如逢花开·刘文杰写意花鸟精品集》等。

一月十三日,收到酸枣小孩从济南寄赠的其主编的《向度》(向度工作室出品)三号刊一册。该书封底印有这样一段话:

> 荷尔德林曾指出,谁曾想过那最深刻的,谁便爱那最现实的。处于躁动不安的当下社会,在结构和思想两重层面无限趋近扁平,现

实奔跑于纸张和舌头之上，如虚幻的云烟，难以深切地贴近并抚摸。《向度》作为一份坚守纯粹立场的人文读物，藏身于秋天的一堆枯叶之中，甘愿在被打扫被覆盖之前，以多维的界面，多元的理念蕴集起真正的水分，渗透进叶脉，使这日渐干燥荒芜的世界得以润泽。

三号刊设有品城、对话、朝花夕拾、曲水流觞、世相百态、诸子百家六个专栏，刊发二十五篇长短不一的文章。

一月十四日，收到杨栋从山西沁源寄赠的《文蛇集》(中国文化教育出版社二〇一三年四月版)签名本一册及其编绘的自印本《廉政哲思漫画》两册。另还获赠其漫画小品《观鱼图》一帧。

一月十五日，收到叶小沫托出版社所寄《叶至善集》(叶小沫、叶永和编，开明出版社二〇一四年十二月版)一套六本(含编辑卷、科普卷、传记卷、散文卷、创作卷、书信卷)。编者在《写在前面》中写道：

四年前，我们开始编辑父亲的《叶至善

集》，经过努力终于成书。全书分为：编辑、科普、传记、散文、创作和书信六卷。这不是全集，其中科普卷和书信卷，由于各种缘由，缺失的文字尤其多。尽管只有六卷，也足以反映父亲对于编辑和写作的熟谙，涉猎方面的丰富，兴趣爱好的广泛。父亲爱动别人没有动过的心思，爱尝试别人没有做过的事情，他总是不断地求新求好，写出来的东西读着就特别有味道。读者在认真看过之后，会觉得这是一个很有智慧，很有兴味的人。

我们学父亲编《叶圣陶集》的样，在《叶至善集》的每一卷的后面写了编后记，就这一卷的内容加以说明，以便于读者阅读。虽然我们和父亲一样，生长在一个编辑的家庭里，却没有父亲那样勤奋和努力，因此没有父亲做得好。尽我们的力量所编辑的《叶至善集》，一定存在着许多问题和不足，希望读者看到了给我们指出来，在以后编辑父亲的书的时候，我们会加以改进。向爷爷和爸爸学习是我们一生的追求。

同日，收到问津书院寄来的《三津谭往 2013》、《九河寻真 2013》（二书均为王振良主编，天津古籍出版社二〇一五年一月版），此为《问津文库》系列最新出版之书，目前该文库已出书目有：《沽帆远影》（刘景周著）、《荏苒芳华：洋楼背后的故事》（王振良著）、《津门书肆记》（雷梦辰原著，曹式哲整理）、《望云谈屑》（张元卿著）、《还珠楼主前传》（倪斯霆著）等十余种。《问津文库》主编为王振良。

王振良，笔名杜鱼，网名饱蠹鱼。祖籍吉林省怀德县（今公主岭市）。先后就读怀德镇第二中学、公主岭市第一中学和南开大学，现为天津市今晚报社高级编辑。著有《稗谈书影录》等。创办有《天津记忆》、《问津》等内部资料。近年致力于天津建筑遗产保护和历史文化研究。天津问津书院理事长，近代天津历史研究中心兼职研究员，中国古迹遗址保护协会会员，中国文物协会会员。

同日，南京王洪寄赠《佳人——王玉龄画传》（王洪、鹿彦华著，江苏文艺出版社二〇〇七年四月版)签名本一册。王玉龄十七岁嫁给抗日名将张灵甫,十九岁,夫妻天人永隔。

一月十六日上午,李世文、严晓星二人分别从北京、南通赶往南京秋籁居,给成公亮先生送上还散发着油墨香的二十本刚刚印出还未上市的《秋籁居琴谱》(成公亮著,中华书局二〇一五年一月版)样书,承世文、晓星二位费心,幸获成先生签名本一册。

成公亮在该书的后记中写道:

> 一九八五年,我因一个偶然的机会,在济南得到了一床唐代开元年间的古琴,名为"秋籁"。后来我在南京艺术学院的住所,一个毫不显眼的单元楼中的一套住房就被"风雅"地命名为"秋籁居"。
>
> 坐在秋籁居的"秋籁"琴前,我的内心会被这一千二百多年的声音所感染,以一种宁静谦卑的被净化了的心态抚弄这一床音色古雅细腻、余音绵长的乐器。
>
> 一九八九年,因山东电视台十六集电视剧

《孔子》的音乐需要，我为明代古谱《文王操》进行打谱，并成为电视剧《孔子》贯穿全剧的主要曲调。自《文王操》打谱以来，我把《忘忧》、《遁世操》、《凤翔千仞》、《孤竹君》、《明君》、《桃源春晓》等古谱打了出来，使这些古谱重新发出了声音。

一九九六年开始，我创作了古琴套曲《袍修罗兰》(共八首分曲)。至二〇一三年根据尼泊尔琼英卓玛的咏唱改编的古琴独奏曲《微笑(之九)》为止，我所有打谱、创作和改编的古琴曲，加上我整理过的传统古曲《忆故人》、《潇湘水云》等九曲，已经有二十九首之多，分别在南京、台湾、香港灌制了唱片。

现在我年事已高，正在做一生中最后阶段的工作，到了这数十年的琴谱整理出版的时候，心情既是高兴激动，亦是感慨悲凉。

此前，成公亮已先后出版了《秋籁居琴话》、《秋籁居闲话》，《秋籁居忆旧》即将由中华书局出版。

成公亮，一九四〇年出生于江苏省宜兴县。一九六五年毕业于上海音乐学院民族音乐理论作曲系。“文革”期间在北京中国京剧团、山东省京剧团参与《红灯记》、《奇袭白虎团》等京剧现代戏的音乐创作。一九八四年调入南京艺术学院音乐系工作，任音乐理论、作曲、古琴教师。一九九七年提前退休。二〇一一年十二月返聘于南京艺术学院之音乐学院，任“琴学研究中心”主任。

先生之古琴先后师承刘景韶、张子谦先生，主要在广陵琴派传统的基础上形成自己的风格，表达对大自然的感受和对人生的思考，或温润柔情，或炽烈深沉。具有深细的人情味。他修养深厚而又直接取源心灵的演奏，被认为是“内心情感的极致”。

成公亮出版的唱片有：《广陵琴韵之二——成公亮》，香港雨果制作有限公司，一九八七年；《中国梦》（古琴、长笛等合作的即兴演奏作品），荷兰Keytone公司，一九九〇年；《秋籁》，香港龙音制作有限公司，一九九四年；《秋籁：文王操、孤竹君》（双CD），南京音像出版社，一九九八年；《袍修罗兰之别境寻声》，台湾普音文化事业有限公司，一九九九年；《如是宁静》，台湾如是我闻文化股份有限公司，二〇〇四年；《成公亮的古琴艺术》，台湾风潮唱片公司，二〇〇八年。

一月十七日，收到章亦倩从温州寄来《籀园受赠书目汇编》（章亦倩编，上海远东出版社二〇一五年一月版）三册，书中收有赵瑞蕻家属捐赠温州图书馆的二百零四册图书的目录。数日后已遵编者之嘱转呈杨苡先生。

一月二十二日，张际会从兰州寄赠《壮士边关唱大风——边塞诗名篇赏析》（张际会著，长征出版社二〇一四年十二月版）一册。

一月二十四日，宋健签赠由其担任执行主编的《大师》（金陵晚报社编著，南京大学出版社二〇一五年一月版）一册。该书收录的三十三篇文章，最初是该报社以“致敬大师精神”为主题的三十三篇系列报道。写民国的书当下不少，这本书的特点是以扎实的采访报道为基础，书中的六位作者采访到了大师的后代、学生，以及相关研究专家，以他们的亲身经历，或是研究成果，向读者呈现大师的风范。书中所写到的王伯沆、鲁迅、吴梅、汪辟疆、胡小石、陈中凡、黄侃、唐圭璋、傅抱石、吕凤子、徐悲鸿、陈之佛、柳诒徵、陈鹤琴、朱希祖、朱偰、宗白华、陶行知、罗家伦、傅斯年、吴贻芳、赵元任、邓之诚、李小缘、范旭东、杨廷宝、茅以升、侯德榜、张钰哲、竺可桢、熊庆来、李四光、胡焕庸等，都是曾经在南京工作或学习过的大师们。

一月二十八日，姚峥华从深圳快递《书人小记》（姚峥华著，海豚出版社二〇一五年一月版）签名本一册；《三人行@1963》（杨照、马家辉、胡洪侠著，北京时代华文书局二〇一四年八月版）精装毛边本一册。该书扉页写有“特制精装毛边本壹百册之035号”，另还钤有“晶报贺岁”白文印一枚。

## 二月

二月一日，收到问津书院寄赠的刚刚印出的数种《问津文库》：《还珠楼主前传》（倪斯霆著，天津古籍出版社二〇一四年十一月版)、《品报学丛(第一辑)》(张元卿、顾臻编,天津古籍出版社二〇一四年十二月版)、《南市沧桑》(林学奇著,天津古籍出版社二〇一四年十二月版)、《沽上文谭》(章用秀著,天津古籍出版社二〇一五年一月版)、《〈雷雨〉八十年》(耿发起、田本相、宋宝珍编,天津古籍出版社二〇一五年一月版)、《津沽漫记——日本人笔下的天津》(万鲁建编译,天津古籍出版社二〇一五年一月版)、《故纸温暖——老天津的广告》(由国庆著,天津古籍出版社二〇一五年一月版)、《百年留踪——解放桥的前世今生》(方博著,天津古籍出版社二〇一五年一月版)等。

二月二日,收到姚宏越寄赠由他参与策划编辑的插图本文学经典丛书之《黄永玉插图沈从文小说经典》、《徐瀛插图郁达夫小说全集》、《陈师曾插图周作人散文经典》、《丰子恺插图冰心散文经典》各一套,该套丛书均为春风文艺出版社二〇一五年出版。此前,该套丛书已出版有《丰子恺插图鲁迅小说全集》、《丰子恺插图朱自清散文全集》、《丁聪方成毕克官插图老舍散文经典》、《杨栋插图孙犁散文经典》、《戴逸如插图徐志摩诗文全集》、《徐瀛插图林徽因诗文全集》、《许振飞插图萧红小说全集》等。

二月三日，收到易卫东快递寄赠的《夜读记》（易卫东著，江西高校出版社二〇一五年一月版）平装本及毛边本各一册。此书由作者“戊子读书记”和“有不读斋日记”两部分组成。作者在自序中写道：

> 我闲时随便翻翻，久而成为生活习惯，读书偶有会心，不免也顺手记一点感想。聚书日多，对书话一体就有了格外的爱好。书话如果粗分，当为“得书记”和“读书记”两类，而今旧书颇不易得，新书多来自网购，“一点掌故，一点故事”都无从谈起，剩下的一点散文抒情的气息，也就成了脱皮之毛，无所附丽。所以我尝试的日记体书话侧重于“读书记”，略记日常读书的思考，或有一得之愚。其所以要写成日记体，只为着它的不拘形式，可以有话则长无话则短，比拉开架势来写一篇书话，究竟要随

意得多。

本书开篇，即是一段与本刊的交往记述：

> 二月六日，丁亥年除夕，星期三
>
> 今天收到董宁文兄寄来书一包，有“开卷读书文丛”六种：《开卷闲话四编》(子聪)、《不再重现的图画》(白桦)、《雁斋书事录》(徐雁)、《美丽的旧书》(瞿光辉)、《书缘未了》(章品镇)、《朋友家的屋顶》(韩沪麟)，为南京师大出版社二〇〇八年一月版；“鸡鸣读书文丛”之《枥斋余墨》(魏荒弩)；还有《书乡》第五期及《译林书评》四册。

二月四日，鱼丽从上海寄来《胭脂聊斋》(鱼丽著，中央广播电视大学出版社二〇一二年八月版)一册。此书为作者阅读《聊斋》的心得文字，在题为《丽览〈聊斋〉》这篇代后记中，作者写道：

> 《聊斋》我读得断断续续，中间有间隔，近有五年时间。虽慢，却于许多异质篇章中，体会出别样的感觉。我读《聊斋》，不属从专家的角度解读，也不拟去考证它的成型与成书过

程。只是面对一部好书，譬若玉石，静置案头，让人暗自摩挲，体会它的婉转圆润，以期品出一篇异样华彩来，虽然相比原书的丰厚，它只是星星点点。

二月五日，刘经富从南昌发来网信：

最近放寒假了，稍微放松下来，突然想到好久没有看到《开卷》了，正准备给你发邮件谈此事，今天即收到第十一、十二期。惊悉王勉先生仙逝，我二〇〇八年到上海拜见过他，以后通过三四封信，躲斋先生说要编鲲西全集，若需要这几封信，我可以提供给他。另外，今年第九、十期《开卷》您漏寄，还请您补寄或寄一五年一、二期时补入。不过我担心到那时，时间一长您又忘了。在《悦读》《温州读书报》上获读株洲年会的报道、花絮，触动我读书人情怀，吊我胃口，为之奈何？今年四月贵刊将举办创刊十五周年纪念盛会，盼考虑赐给我一次赴金陵见老友的机会。

二月六日，浙江德清“九〇后”书友寄赠《曲园自述诗》(俞樾著,艺文印书馆印行)一册。

二月八日下午,在北京听雪斋访许宏泉,获赠《流浪的猫——画家许宏泉和他的喵友们》(江西美术出版社二〇一四年十一月版)签名本一册;周栗签赠《周栗画集》(边缘艺术二〇一五年一月出品)一册。画册前有周栗简介如下:周栗,字幼鹤,生于戊午(一九七八年)。浙江桐乡人。现居北京。初师吴蓬先生,后随许宏泉、吴香洲先生游,并从京胡名家王福隆先生习琴。工人物、仕女,师法仇十洲、改七芗,秉婉丽明净、雅秀大方之旨。擅写肖像,以形传神。兼写山水,以赵孟頫、文徵明高远清逸为尚。恪守传统文人笔墨意趣,迥异时风。绘事之余,填词拍曲。著有《红窗琐余》、《幼鹤词》等。

当晚,访大石草堂主人刘文杰及在亭汪为新,并分别在二位的画室茶叙。获赠《步屧寻幽:刘文杰画展作品集》;《琅园作品·汪为新》、《"琅园"内外相·汪为新》、《庸眼录》、《琅园/涉事》等书。

二月九日上午,由中国作家协会主办的杨宪益百年诞辰纪念座谈会在中国现代文学馆举行。中国作家协会主席铁凝出席座谈会并讲话。中国作家协会副主席李敬泽主持会议。铁凝在讲话中谈到，杨宪益是一位卓有成就的翻译家，他将中国文学宝库中的精品译介到国外，为促进各国人民了解中国、增进友谊和团结，做出了巨大贡献；同时他也翻译了大量外国古典名著，开拓了中国读者的眼界，传播了世界优秀文化。

在研讨会上，屠岸、叶廷芳、文洁若、谢飞、黄乔生、范玮丽、雷音、赵蘅等先后作了精彩的发言，各自从不同的方面对杨宪益的翻译成就给予高度评价。

王得后、薛鸿时、石湾、李辉、于奎潮、严欣久、冯陶、陈徒手、陈爱华、邓晓文、周双宁、董宁文、王振良、卢非、程婕、宋玉成、安璐、王金秋等学者和来自各地的相关人士以及杨宪益的亲属等近百人出席了座谈会。

杨宪益先生是我国著名翻译家、外国文学研究专家、作家。祖籍江苏盱眙，一九一五年一月十日出生于天津。一九三四年在天津英国教会学校新学书院毕业后，到英国牛津大学莫顿学院研究古希腊罗马文学、中古法国文学及英国文学，获学士及硕士学位。抗日战争初期，与向达、吕叔湘等友人在伦敦华侨中作救亡工作。一九四〇年回国，任重庆中央大学副教授。从一九四三年开始，在重庆北碚及南京任国立编译馆编纂，翻译《资治通鉴》，又译郭沫若的《屈原》、鲁迅的《野草》、阳翰笙的《天国春秋》及古典文学作品《离骚》、《陶渊明集》等。一九五三年调外文出版社任翻译部专家。二十世纪八十年代任中国社会科学院外国文学研究所研究员、学术委员，外文出版局《中国文学》社副主编，中国作家协会理事，中国文联委员，中国外国文学学会理事，民革中央委员，北京市政协委员。解放前发表的译著有：一九四三年在英国出版的英译《老残游记》，一九四七年至一九四八年间中华书局出版的有关中西交通史方面考证论文集《零墨新笺》，以及《英国近代诗抄》等。新中国成立后译介的外国文学作品有荷马史诗《奥德修纪》，《阿里斯多芬喜剧二种》，罗马诗人魏吉尔的《牧歌》，法国中古史诗《卢郎谣》,萧伯纳的《凯撒和克丽奥帕脱纳》、《卖花女》等。中国古典文学作品译介方面,与夫人戴乃迭合作,译有《楚辞》、《魏晋南北朝小说选》、《唐代传奇选》、《宋明平话小说选》、《史记选》、《关汉卿杂剧》、《长生殿传奇》、《儒林外史》等。现代作品的译作有《鲁迅选集》(四卷)、鲁迅的《中国小说史略》等。自一九六三年起,杨宪益与戴乃迭合作翻译中国古典文学名著《红楼梦》。

二月十三日,收到许渊冲从北京寄赠的《联大人九歌》(许渊冲著,云南人民出版社二〇〇八年十二月版)、《约翰・克里斯托夫》(罗曼・罗兰著,许渊冲译,中央编译出版社二〇一五年一月版)题签本。在《联大人九歌》扉页,许渊冲先生写道:"杨振宁说,联大可算世界一流大学。这本《九歌》对我国的大学建设,也许不无用处。许渊冲　二〇一五年一月于北京大学。"在《约翰・克里斯托夫》上册的扉页,许先生这样写道:"本卷后附录《美化之翻译》比较了傅雷的译本和许译本,对提高我国的文学翻译水平,对我国的文化如何走向世界可能不无好处。许渊冲　二〇一五年一月于北京大学。”

在《联大人九歌》一书的前勒口印有作者简历：

许渊冲，一九二一年四月生于江西南昌。北京大学教授，翻译家。一九四三年国立西南联合大学外文系毕业后曾留学巴黎大学。先后在国内外出版中、英、法文著译六十余本，其中包括《诗经》、《楚辞》、《李白诗选》、《西厢记》、《红与黑》、《包法利夫人》、《追忆似水年华》等中外名著，是有史以来将中国历代诗词译成英、法韵文的唯一专家。一九九〇年被提名为诺贝尔文学奖候选人。

二月二十三日下午，《纪念杨宪益先生诞辰百年纪念丛书》的五位作者、编者相聚南京，其中《金丝小巷忘年交》作者范玮丽从美国远道而来，赵蘅（《宪益舅舅百岁祭》作者）从北京回到南京妈妈家过年，《五味人生——杨宪益传》作者王一心也刚刚从南方自驾游回到南京。大家相聚在今年已九十六岁的杨苡先生家温暖的书房，闲谈杨宪益的点点滴滴，消磨了一个下午的美好时光。赵蘅那天上午刚画的杨家小院已是一片春意盎然的好风景，那天我们都是从这个小院门走进书房里去的。

王一心赠《〈小团圆〉对照记》（王一心著，文汇出版社二〇〇九年十一月版）、《鲁迅地图》（李伶伶著，中国青年出版社二〇一四年一月版）签名本各一册。

二月二十四日，与范玮丽、卢佶在南京威斯汀酒店茶叙，卢佶赠其父亲卢冀野所著《中国戏剧概论》新近在台湾秀威所出繁体字版（二〇一一年九月BOD一版）一册。

二月二十六日，上海友人寄来《花与微笑——钱今昔文存》（上海三联书店二〇一五年一月版）一册。

钱今昔（一九一八年至二〇一二年），江苏吴江（今苏州市吴江区）人，一九三七年考入上海暨南大学。期间在周谷城、周予同、郑振铎、王统照的指导下，在报刊上发表地理学论文，并开始了旺盛的孤岛文学创作时期。一九四二年进入《东南日报》社工作，并主编《东南画刊》。抗战胜利后在上海《正言报》工作，曾任该社副总编辑。新中国成立后，调入华东师范大学地理系，历任讲师、副教授、教授等职。创立了能源地理科学体系及其基本法则。提出多能互补、纵横网络的能源技术经济学理论，并致力于自然、技术、经济三者和谐平衡理论的探索。为国家哲学社会科学特等奖获得者。出版专著有《解放了的西藏》、《社会主义生产力布局研究》、《战后世界石油地理》、《未来石油资源开发及其对国际石油市场价格的影响》和《中国的能源》等。

本书分为三辑，第一辑为《雪花飘飘——为了远去的记忆》，第二辑为《花与微笑——民国风景线》，第三辑为《那大片的绿——那年、那人、那事、那景》。书前印有韦泱几年前所写题为《追忆钱今昔前辈》的文章，文中这样写道：

> 多年前，闲时览阅二十世纪四十年代沪上旧刊，在《万象》、《生活》、《文艺春秋》等杂志上，常见钱今昔的名字，或小说或散文杂文，文笔优美富有音乐感。见多了，便关注起来，心想这位活跃于民国文坛的钱先生，怎么就从文

坛上销声匿迹了呢？一次，在旧书肆淘得一册旧籍，书名为《新哲学的地理观》，署名即钱今昔，由陈伯吹先生主持的上海金星书店印行，民国三十八年二月初版，印数为二千册，甚觉珍贵。书的内容十分专业，什么“地理学派论”、“经济地理论”啊，还有“地理运动论”等等，虽文字流畅，通俗易懂，仍使我发愣：如此专业的地理学专著，与形象生动的小说散文写作，毕竟是“两股道上跑的车”。从事文学创作的钱今昔，与撰写地理学专著的钱今昔，在我的头脑中始终难以叠化成一个人。经多方打听，得悉钱今昔今仍健在。于是，一个周日的下午，在叩访住在华师大教师公寓的钱今昔先生后，心中的疑团一一消解。

大约十余年前，南通友人曾编有一本钱今昔文存，本拟编入“开卷”系列丛书之中，因故未能完成，那部书稿不知是否就是这本书的雏形，有待闲暇找出书稿，或许也能消解这个小小的疑团也未可知。

## 三月

三月二日，马春迎从淄博寄赠《多伦多访学日晷》（山东画报出版社二〇一四年十一月版）毛边签名本一册。此书为阿滢主编一套十本《琅嬛文库》第二辑之一种。

三月十四日，收到周振鹤从上海寄赠的《运书日记》（陈训慈著，周振鹤整理，中华书局二〇一三年八月版）签名本一册。

三月十六日，张炳勋从浙江乐清寄赠《鳞鸿旧影——近世乐清旧札掇拾》（张炳勋著，敦煌文艺出版社二〇一四年九月版）签名本一册。作者在前言中写道：

> 此书收札逾五十通，烬余片羽，聊宝吉光。上起清道光廿七年（一八四七），下讫一九七五年，收信人、写信人有一方为乐清人士即可，排列先后以写信人年齿为序。关乎乡邦掌故，冀阐幽发潜也。笔调或精简、或苍老、或雅淡、或

流丽、或凄婉、或诙谐，各臻其妙，读者自有定评。至于致笔者信，推誉溢量，益深愧汗。为行文统一，书中诸乡先辈及名人名号，未冠称谓，敬乞曲宥。

三月十九日，收到酸枣小孩寄赠的《向度》(1503)四号刊一册。此辑设有品城、对话、朝花夕拾、曲水流觞、世相百态、诸子百家六个专栏。品城专栏刊出《闲话北京》、《豆汁儿　麻豆腐》、《四季北京》、《进京》等四篇有关北京的文章。

三月二十日，收到王振良主编的《问津文库》新出的《严修日记(1876—1894)》上下册(严修著，陈鑫整理，天津古籍出版社二〇一五年二月版)。

三月二十一日傍晚，访惜余春堂主人俞律、李玉琴二老，获赠李玉琴祖父苏少卿所著《苏少卿戏曲春秋》(苏玉虎主编，上海书店出版社二〇一五年二月版)一册，并请二位老人在书上签名留念。

本书分为皮黄启蒙、伶票月旦、清谈妙议、说项荐贤、梨园杂俎、现身说法及附录(纪念文萃)几个部分，收录了作者数百篇相关文章。前有刘曾复、翁思再二位所作序言。翁思再在序中这样写道：

苏少卿先生早年投身文明戏，参加春柳社，是我国话剧运动的先驱者之一；后来以更大的热情投身于京剧艺术，成为名票、教育家、评论家。作为陈彦衡的高足、“四大谭票”之首，内行票友争相向他问艺，户限为穿。“京胡圣手”孙佐臣把自己为谭鑫培伴奏的胡琴赠给了他，孟小冬拜余叔岩之前也曾拜他为师。苏少卿先生还当过记者，办过报纸，编过戏，又凭借当时的新型传播方式，创办皮黄“空中教学”，在电台教戏长达二十年之久。他的锦绣文章是上海舞台演出的忠实记录，月旦粉墨，臧否人物，干预倾向，总结理论，对此菊坛无不服膺，影响广远。

三月二十二日，书友张梦婕从西安发来网信：

近年来我除了写书话类文章，还把杨绛先生作为我后半生研究与写作的方向。我阅读视野狭窄，加之个人学识浅薄，勉强只能做为一个民间默默的研究者，写一些关于先生作品的随笔罢了，倒不是哪个机构派遣我专门做这件事情，只是单纯地仰慕杨绛先生之才情沛然，做人风骨之清俊简淡，然我才疏学浅，力有不逮。唯有一腔读书的痴然与勇敢的心，来啃杨绛先生的作品，并不是为了沽名钓誉，倘您有认识这方面的学人或者导师，多多帮我联系，好使我有问学的机会。

“开卷闲话”我每一期必读，信息量大，内容丰富。短有短的隽永，长有长的情致。还有各个学人、作家的文章，尤其书话前辈，让我这个长安城里的小女子由衷地佩服。读一期《开卷》，就好像我思想的天空裂开了一道口子，豁然间明亮了起来。然而闭卷后思忖，余之孤陋，这才觉悟到“少壮不努力，老大徒伤悲”，好在我以读书为乐，纵使不如刚刚走出校门的年轻学子清迈，倒还不算苍老，愚钝之至时，读读《开卷》，心里闲静极了。

三月二十六日，收到问津文库第015《王南村集》（清王熣著，宋健整理，天津古籍出版社二〇一五年一月版)及《问津》二〇一四年第十一期《思闇——纪念华世奎诞辰150周年学术讨论会文集》、第十二期《止堂吟草》(刘述尧著,刘景周整理)、二〇一五年第一期《天津市妓户妓女调查报告》(臧启芳主编、刘轶男整理)、第二期《穿芳峪史话》(郑中和著)等。

三月二十七日,浙江乐清郑金才寄赠《桃源书事——乐清乡邦著作见闻录》(敦煌文艺出版社二〇一四年九月版,印数一千三百册)签名本一册。郑金才在后记中写道:"今年是我的'不惑之年',这本《桃源书事》也是我的第一本书,也是十年淘书、藏书、读书的一个小总结。"

三月二十八日,收到丁景唐《犹念风流纸墨香(续集)》(上海文艺出版社二〇一五年一月版)签名本一册。此书为上海老作家文丛之一。

## 四月

四月二日,收到许渊冲从北京寄赠的《任尔东西南北风：许渊冲中外经典译著前言后语集锦》（清华大学出版社二〇一四年十月版）一册，并许渊冲为《开卷》创刊十五周年题词一帧："任尔东西南北风，开卷不忘文化梦。——许渊冲　二〇一五年于北大。"

四月三日，收到范笑我从嘉兴快递赠送的由他编的《闻川缀旧诗》（清唐佩金著）附《绿蕉山馆纪事画册》（清陶琯著）一册。此书为嘉兴王江泾人民政府自印书。范笑我在编后记中写道：

> 一九九二年七月，笑我从嘉兴市志办，借调至嘉兴图书馆古籍部工作，两年后的春天，在图书馆负责一家叫秀州书局的书店，再"十二个春秋"，即二〇〇六十月，秀州书局歇业，笑我调回古籍部，专门搜集地方文献，之后兼任读者咨询。
>
> 读者咨询，千变万化，生怕回答不出读者的提问。每当听到或者发现资料线索，笑我就抄录发在网上。在"新浪"，笑我有个叫"听讼楼"的博客。笑我时常想："倘若'百度'能够查

到笑我上传的资料，读者就无需查询，或可免去尴尬。”

去年一月四日，老薛带来唐佩金的《闻川缀旧诗》，宣统三年刊印。闻川，即王江泾。征得老薛同意，笑我用手机拍了书稿。第二天开始，笑我每天抄录两首，发于博客，到五月十八日全部结束。笑我对闻川产生了太多的好感。

今年六月，“京杭大运河”入选《世界文化遗产名录》，位于王江泾境内的长虹桥为“京杭大运河”主要景点。查《闻川缀旧诗》，望江亭、小石关、一宿庵、贝勒官、吴公祠、接战港、长虹桥诸条均与长虹桥有关，另有“小桥港”一则写道：“先曾祖艺圃公与嘉兴王仲瞿孝廉友善。孝廉常来余家，与先曾祖夜半同登长虹桥，发掌中雷，声光震屋宇。里中相传为异。”长虹桥历史丰厚，无愧世界遗产。

四月十日，邵绡红从上海发来网信：“收到《开卷》两期，看到许多佳文。谢谢。一年来一直忙于《我的爸爸邵洵美》的增订本《天生的诗人：我的爸爸邵洵美》，直到昨天方才完工，下月可以上架。《论语》影印出版，我写了一篇给《新文学史料》，内容很多，在等待发表。现在把它缩减了分期发给你，让读者了解这套期刊。你看好不好？"邵绡红发来第一篇文章如下：

贺《论语》复出之一

绡　红

望着这一长列《论语》半月刊影印的合订本，我心里喜滋滋的。塑封还没有拆，阳光照在上面，"论语"二字泛出金光。这《论语》复出，我期待已久，焦急地等待它们寄到，但是，现在我不急着拆封，就像地质队长望着他已经勘测出内藏珍稀贵金属的矿藏。十几年前，在上海图书馆，我就曾经翻过这全套一百七十七期每张纸页。那个时候，我只是在寻找爸爸的文章，工作量太大，我不能分心阅读其中大量知名作家的文章。单就爸爸写的五十二篇"编辑随笔"里提到的作家以及合作编辑《论语》的林达祖先生的回忆中提到经常来稿的作家有：

蔡元培、曹聚仁、储安平、陈铨、陈子展、丰子恺、傅彦长、傅斯年、顾仲彝、郭沫若、海戈、何芳洲、何容、何仲英、胡適、简又文、老舍、老向、李青崖、梁得所、梁实秋、林达祖、林庚、林徽音、林语堂、刘半农、刘大杰、鲁迅、茅盾、潘光旦、彭学海、全增嘏、沈从文、沈有乾、施蛰存、宋春舫、宋庆龄、孙斯鸣、孙伏园、孙福熙、盛成、吴宓、徐懋庸、徐蔚南、徐訏、许钦文、徐仲年、姚颖女士、燕曼人、叶灵凤、郁达夫、俞平伯、曾迭、曾今可、章克标、赵景深、赵元任、周谷城、周劭、周作人、朱光潜、朱自清等。

我也曾翻阅完颜绍元先生编辑的《论语选萃》,那是一九九七年出版的。他兴味盎然地把选出的那些文章分类出了十本一套。大半我曾经读过,那一篇篇令我莞尔的趣文,过目难忘。爱好文学的朋友们怎能放过这雅俗共享的幽默杂志《论语》?

为了解我的爸爸邵洵美是什么样的一个人,二十多年来,我寻觅爸爸的友人,浸泡在图书馆、互联网，翻找爸爸自己写的文章和人家写他的文章，以及他出版的书刊，了解到《论语》是他所有十四份出版物里最为看重，花心思最多的一份。在读者们翻阅这份有趣的刊物之前，我想把自己收集到的有关资料与大家共享：

## 《论语》创刊到停刊

一九三二年初日军在上海制造事端，发生了一·二八事变，他们故意轰炸和焚烧在闸北的商务印书馆及其所属的东方图书馆，几十万中外图书报刊，包括大量古籍善本化为灰烬。纸灰漫天飞舞，十里外的法租界都能拾到《二十四史》的残页。一·二八事变造成上海许多报刊停业，对上海的文化事业造成极大的危害。文学艺术界的朋友们异常愤慨。事变停歇之后，奋起再创文艺高峰是大家的意愿。这时《时代画报》复刊了，一些作家、画家朋友们都有意推动邵洵美另外来办一本新的杂志。经过分别几番切磋，众人意向比较集中了，邵洵美便邀请大家来他家正式讨论，来客有作家：林语堂、李青崖、全增嘏、沈有乾、林微音、章克标、潘光旦、叶公超、郁达夫和画家张光宇、曹涵美、张振宇三兄弟。多次会聚，他们想出版一本幽默杂志，效仿英国的老牌幽默杂志《笨拙》(*Punch*)——半本文字，半本漫画。杂志的名字叫作《论语》。当时推举编辑工作由林语堂负责。印刷发行都是现成的：邵洵美有时代印刷厂和美术刊行社(时代图书公司的前身)。没想到林语堂宴请漫画家黄文农来主编《论语》的漫画页面，请柬上把名字错写成王元龙(名演员)，气得黄文农甩手辞请，半本漫画的计划从而落空。《论语》的艺术设计曹涵美只能把一幅幅漫画填补在文章的留白处或者印在封面上。一九三二年九月十六日幽默杂志《论语》半月刊创刊号问世。它是当时中国唯一的一本幽默杂志，深受读者欢迎，第一期一连重版数次。由于林语堂当时忙，最先的几期是章克标编辑的。后来由孙斯鸣负责。

到了十几期以后，方由林语堂先生自己来主编。林语堂花了不少心血，《论语》便一时风行，幽默二字也成为人人的口头禅了。到第二十七期，林语堂因为去办《人间世》，请陶亢德接手（林语堂经常指点）。后来林语堂又办《宇宙风》，拉陶亢德帮忙编辑。于是陶亢德离开《论语》，从第八十三期起《论语》由邵洵美亲自编辑。他请郁达夫帮助编辑，事实上郁达夫身在福建，具体工作都是邵洵美担当。第一百零六期起郁达夫提出卸任编辑，邵洵美其他工作太多，从第一百一十期开始，请林达祖分担编辑《论语》。到一九三七年八·一三事变，《论语》不得不停刊，那时已出版了一百一十七期。抗日战争胜利后，《论语》复刊，第一百一十八期出版是一九四六年十二月一日。那时候邵洵美在纽约，复刊工作是其夫人盛佩玉主持的，她恳请《论语》的老朋友李青崖先生担任编辑，四处寻找经常为《论语》撰稿的作家，张罗召开编辑会议。待邵洵美回国，两期新的《论语》已经在他的书桌上了。李青崖先生因京沪两地任教太忙等原因请辞，第一百二十二期的编辑就改为邵洵美。后来又请林达祖帮助编辑，直到一九四九年五月上海解放休刊，幽默杂志《论语》半月刊共出版一百七十七期。(待续)

附录

# 十五年，一个人，一本刊

## ——董宁文和民间读书刊物《开卷》的故事

如果说哪本刊物会让作者以刊发文章在其上为荣的，南京民间读书刊物《开卷》一定榜上有名；如果谈及文坛大家最喜交往的编书人，《开卷》执行主编董宁文也一定位列其中。《开卷》杂志，这份深得众多文化老人和圈内外读书人认可的民间读书刊物，因为一个人的坚守和付出，令这个浮华躁动的时代葆有一个特别的宁静阅读、心灵自守的角落。这一坚持，已然十五年。

一九九九年，时任凤凰台饭店总经理的蔡玉洗有一个构想，他想在星级饭店中设置书吧，组织读书俱乐部，创办读书俱乐部的内部刊物。这个想法得到南京大学教授徐雁、作家薛冰和董宁文的赞和。二〇〇〇年一月十六日，他们在凤凰台饭店的书吧举行了首次正式的筹备会，书吧定名为“开有益斋”，沿用清代金陵藏书家朱绪曾的斋号。内部刊物则以《开卷》为名，意谓“开卷有益”。四月中旬，《开卷》创刊号问世，董宁文担任执行主编。

最初《开卷》的编委有十几位，早期实行的是编委轮值制，即除了主编蔡玉洗和执行主编董宁文外，每期由两三位编委参与组稿编辑工作。一两年后过渡到由董宁文承担主要的编辑工作，各位编委协助。让董宁文欣喜的是，装帧艺术家速泰熙十分喜爱《开卷》，从第二卷开始做装帧设计，此后，《开卷》清雅宜人的白皮小刊面貌延续至今。

从创刊号起始，《开卷》就汇聚了国内的众多文化老人，杨绛、黄苗子、黄宗江、范用、丁聪、于光远、吴小如、黄永厚等文坛和艺坛大家都为其供稿。在编《开卷》前，董宁文是译林出版社内刊《译林书评》的编辑，与翻译家和学者颇多交往，《开卷》最初的作者很多也来源于此。在刊物创办之初，出版家范用为董宁文推荐了很多作者，带着他拜访了王世襄、叶至善等人，黄宗江则鼓励他直接到文化大家家中拜访。

董宁文至今记忆犹新的是第一次拜访画家丁聪。“有天我在黄宗江家里闲聊时，他问我有没有去看过丁聪？我说：‘至今无缘拜见。’他立刻就说，‘你现在就去他家，一刻也不要停留。’我就打车去了丁家，叩开门后丁聪的太太沈峻说：‘小丁不在家，出去了！’”董宁文没有放弃，回应说：“丁先生真的不在家的话，我可否看看丁先生的书房？”沈峻只得让他进门，刚进书房，就看到丁聪从里屋出来。董宁文对丁聪说明自己的身份和来意后，丁聪欣然与之交谈，此后每次去北京，只要时间允许，董宁文总要和丁聪夫妇相聚。丁聪还给他画了一幅漫画像，出版自己的文集时董宁文用在扉页上。

直接拜访之外，更多的还是书信，“杨绛先生的稿子就是写信约来的”。如今，董宁文已经记不起自己具体什么时候向杨绛先生约稿，但他记得，杨先生很快有了回音，“前后给我写了两三篇文章”。伴随着这些信件寄去的，是每一期的《开卷》，“我将刊物寄给先生们，他们看了杂志，就知道我们办得好不好，愿不愿意给我们供稿”。

事实上，《开卷》的稿费并不高，千字六十元，十几年来一直未提高过稿酬。但许多作者不以为意，他们知道办一份民间刊物不容易，愿意给《开卷》写文章，不计较稿酬。“我手上有一些稿酬单子，多少期谁的文章多少钱，上面有作者的签名，但他们钱都没有要”，这些签字名单里有黄永玉、王世襄、范用等，董宁文将这些稿酬单子都收起来存着，“我对这些小纸条特别看重，有时候看着它们，心里都会很感动”。

稿费低，也因刊物不公开发售。《开卷》最初出版时，封底上有一则告示，“成为《开卷》读书俱乐部的会员，交纳二十八元，即可每期收到一份《开卷》”。但这告示名不副实，因为无论是不是俱乐部会员，只要写信给董宁文希望获得《开卷》，他就会无偿寄赠，每年十二期，一期不落。

《开卷》刊发文章的高品质，使它积聚了大批忠实的读者，每一次《开卷》印出，不少人就会写信给董宁文，“为什么这期我还没收到？是不是丢了？

能不能给我再寄一份?”读者们想的,自然是能在第一时间收到那本典雅的小册子,董宁文理解他们的心,不厌其烦地补寄,有一回甚至补寄了五六次。因为董宁文一人承担了刊物从组稿到印出整个流程的工作,校对难免出现错误,有读者写信来自告奋勇免费给《开卷》做校对。

最近,董宁文又收到一位读者的邮件,这位书友自发给《开卷》做了年谱,整整十五万字的体量。十五万字,记录了《开卷》十五年来刊发的每一篇文章,记下了《开卷闲话》里作者圈文友群每一个有意思的活动,但唯独没有记下的是董宁文兢兢业业编书的日子。从二〇〇〇年起,每一期《开卷》向谁约稿、怎样校对、如何排版,种种烦琐细碎的编辑过程、内里的曲折不如意董宁文都不愿提及,他最愿意做的就是拿着一本薄薄的《开卷》,向人展示它清新的设计、雅致的文章。对于董宁文而言,十五年来每一个编书的日子并没有什么特别,因为他觉得这是最寻常不过也是最快乐的事情。记者慨叹“十五年真不容易”时,董宁文一脸平静,“没什么,做做也就做下来了”。在瞬息万变的时代里，他就是以这份从容安静的韧劲，坚守着与《开卷》不变的约定。

坚守不易，尽管《开卷》在书业界颇具口碑，但它并不会因此就顺理成章地容易生存。最初，《开卷》是凤凰台饭店的内部刊物，每一期的运转资金由饭店方提供。二〇一〇年以后，因为某些原因，《开卷》杂志脱离了饭店，资金没有了来源。一期《开卷》，稿费与印刷费在五千元左右，比不上绝大多数刊物成本的一个零头，然而这却让董宁文犯了难，他不得不拉下面子四处寻求赞助。有作者提议，由大家轮流出资来维持刊物出版，董宁文没有同意，“这样会产生很多不可预知的问题，办杂志靠这样的资助并不能长久”。他仍在尽最大的努力，寻找愿意支持这份民间刊物生存下去的赞助者，一本刊物和一个人的坚守还在继续。

在十五年的坚守中，“开卷”已经不仅仅是一个刊物名，还成为了一个在业界有重要影响力的出版品牌。《开卷》创刊两年后，其平实雅致的文化风格在爱书人的圈子里获得许多好评，董宁文便想，为什么不将《开卷》知名作者的文章结集出版呢？于是他定下了“开卷文丛”这个丛书名，第一辑出版了王辛笛、范用、流沙河、钟叔河、朱正、朱健、绿原、舒芜几位大家的文集。待到《开卷文丛》出到第三辑后，他又与徐雁联袂在二〇〇八年策划了《开卷读书文丛》，收入了白桦、章品镇、韩沪麟、瞿光辉等先生的六本书；二〇一〇年春天，董宁文又尝试将“开卷”系列文丛做一套小精装出版，当年的上海书展上，一套八本小精装《开卷书坊》悄然亮相。今年八月，第三辑的《开卷书坊》一套十册及一套六本的《开卷闲书坊》又将在上海书展面世。

## 传承珍贵的文化记忆

《开卷》从最初起就汇聚了一批文坛大家，许多七八十岁的老先生，董宁文都与他们有着或深或浅的长期交往。在《开卷》成长的岁月里，这些文坛大家们也渐渐老去，有些已离开人世。然而因为《开卷》的坚守，却让这些文化老人的珍贵记忆永久地保留了下来。

“其实先生们的离世，我并不会像他们的亲人那样有很深的伤痛，但是我却希望能用自己的方式，在先生们离世前给他们一点安慰，我做了我愿意做的，也做了我能做的。”董宁文所说的“安慰”，就是指他为先生们出的书。

董宁文与翻译家杨宪益先生的妹妹杨苡交往较多，因为杨苡与他同住在南京，所以常常有机会见面。因为这份关联，杨宪益晚年的书稿《去日苦多》就交由董宁文编辑，“从收集文稿，到编辑花了一两年的时间。稿子编好后，我曾与近九十高龄的杨苡先生去北京两三趟，和杨宪益先生推敲、确定该书所收文章的篇目，并做了相应的取舍”。书印出后，杨宪益在病床上看到了样书，那时，老先生已走到了生命的最后时刻，“他对这本书很满意，将书分送给医院的医生、护士和前来探望的友人”。对董宁文来说，“这就是给了老人在弥留之际增添了些许安慰”。诗人王辛笛先生去世后，在悼念会上，家属将董宁文为其出版的一本书赠送给悼念者。对董宁文而言，这是对自己所做的书最好的肯定。

董宁文与老作家黄裳先生从最初的书信往来，到后来的每次去上海必拜访先生，交往了十个年头。二〇一二年八月十一日，董宁文来上海参加书展，得知黄裳先生刚出院在家，与先生女儿联系后前去拜访。“我进门就看见黄裳先生躺在床上，床头摆着书，他平常很早就醒的，保姆说因为先生头天晚上看书看到一两点，因此中午了还在床上。”黄裳醒来后，将自己的两本书——散文集《纸上蹁跹》和译作《猎人日记》签名送给董宁文，还托他把新书带给老朋友杨苡。“那天他其实很虚弱了，但他看见我很高兴，有时候还会哈哈哈笑。”这是董宁文与黄裳的最后一次见面，不久先生就去世了。

在与《开卷》作者圈内的这些文化老人的交往中，董宁文抱着一颗赤诚之心，“也许是我的诚意产生了魔力吧，好像交往的每一个人对我都信赖，这也有可能是我的一厢情愿，但是我总有这样一个想法：我觉得他对我很好，那么，他的感觉也应该是这样，这种关系是相互的。但无论对方名气有多大，我都以一颗平常心与之交往”。

《开卷》杂志每期都有一篇“开卷闲话”，其中他记录了不少文化人逝世的消息。董宁文说，虽然在网络媒体上这样的消息铺天盖地，《开卷》似乎并没有必要再传达这些消息。他却坚持刊登，“这些文化人大多与《开卷》有些关联，或是我们的老作者，或是读者，总之，这些文化人都是读书人，在他们的身上传承着文化的脉络，这些信息通过我们的方式传达应该别有深意”。

［记者手记］

## “不急”

见到董宁文，是在南京七月骄阳的午后，约定的地点，董宁文将自己的车停在路边，车已经很旧了，破裂的车门用宽胶带粘着，要使劲才能关上。一件普通的短袖白汗衫，憨厚的面容，戴着眼镜，与想象中的样子相去甚远。此前，记者一直以为《开卷》的编者应是一位睿智老者。

车行四十分钟到达南京远郊的一所房子。三年前，董宁文卖掉了市中心的住房，在这里定居。一进门，挨墙堆放的便是几千册《开卷》杂志，旁边是一列书架。进入客厅，空旷房间里最显眼的也是一整面“书墙”，董宁文将记者领到书架前，抽出学者季羡林《牛棚杂忆》的签名本，边上是《开卷》书坊的 Logo 木刻原版。书架前还搁着香港作家董桥写给他的对联“书似青山常乱叠，灯如红豆最相思”。书橱里满满当当的书，有些是他这些年所编书的合集，但更多是他喜欢的学者、画家的作品。

董宁文今年四十八岁，生于南京，他称自己是“没学历的人”，因为他高中没毕业，高一只读了几个月，因家境困难就去蹬三轮车打工挣钱。但他爱读书，“我上学时看了大量的文学杂志，《收获》、《十月》、《百花洲》、《鸭绿江》等，基本上我爸爸单位图

扁舟一棹归何处
家在江南黄叶村

借坡仙句 流沙河
时在二千年九月十日之夜

野趣 子聪绘 纸本水墨

秋晖图　子聪绘　纸本水墨

**晨曲图**　子聪绘　纸本水墨

北海群峰　子聪绘　纸本水墨

暮韵　子聪绘　纸本水墨

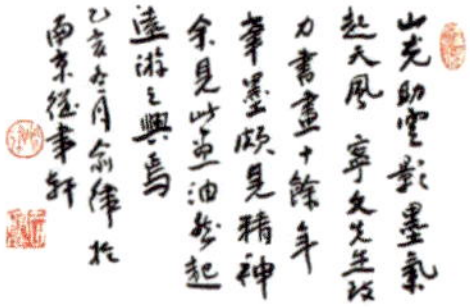

**春江帆影**　子聪绘　纸本水墨

黄金季节　子聪绘　纸本水墨

小山村　子聪绘　纸本水墨

书室有的杂志我都在看”,“我对书的感情很深,每天看书都看得很晚,那时候眼睛就不太好,看不清我就站在板凳上,这样离日光灯更近一点,才能看得清楚一些”。

因为与书的缘分,一九九六年《译林书评》创刊时,时任译林出版社社长的蔡玉洗聘用董宁文做编辑,他算是开始了编辑生涯。最初对排版、创意设计、开本都不甚了了的他,在实践中摸索,逐渐熟稔了这些技巧,因而二〇〇〇年四月《开卷》创刊时他担任了执行主编。

《开卷》每期要寄出五六百份刊物,每个信封都是董宁文自己写,每次他都要提前一个星期到半个月开信封。刊物出厂,他就将之封好,寄出。董宁文描述了一个他称之为“浪漫”的场景:一年冬天,下着鹅毛大雪,他用平板车拖着几百份《开卷》杂志,到了邮局门口,脸已经冻得通红,手上身上却全都是热气。“真是太浪漫了”,他一再强调。

每期寄出的《开卷》,并不是所有人都有回音,但董宁文锲而不舍。信息爆炸、片段式阅读泛滥的时代，有多少人还愿意静下心来读书？又有多少人还热爱《开卷》？董宁文并不是消息闭塞的老夫子，“我猜有些人已经不读《开卷》了，但是只要还有人愿意读，我就要做下去”，“我太太常常说我是一根筋，只知道埋头做，那我就是这样的嘛”。

董宁文常常说两个字——“不急”。开电脑给记者看一些资料，太太催促他做什么事情，他总是回一句南京话，“不要急诶”。于是，你也只得依循着他的步调，不急。想象他如何“不急”地录入手写稿、校对每一篇文章、设计排版，虽然缓慢但却细致，做好每一道工序，确保进入读者手中的是一份高品质的《开卷》。董宁文以“不急”回应着外界的喧嚣，这“不急”也换来了《开卷》的平心静气、疏朗雅致。

董宁文偶尔会安静地翻开某位逝去的文坛老人的文集，他并不是在向我介绍，只是顾自翻着。我想，这时他应该回想起某次去拜访老先生的情景，为先生们编辑文集时与先生们的商讨、校订，这是董宁文与远去的他们隔空交流的方式。

在远郊的房子附近，董宁文租了一块地，地里种着黄瓜、茄子、豆角，还有西瓜，边上是一片开凿的人工湖，忙完《开卷》的工作之余，他常会来这里散步。他带着我在他的自留地里穿行，寻常地说："这样的生活真是太舒服了。"

《文学报》记者　何晶

（原载《文学报》二〇一四年七月三十一日）

# 《开卷书坊》第三辑首发品评会纪要

二〇一四年八月十八日下午一点,《开卷书坊》第三辑在上海书展世纪出版馆活动区举行首发式暨签售活动,本辑丛书的作者陈子善、刘绪源、子张、周立民、子聪等参加了此次活动。未能到会的钟叔河、李文俊两位还特意请人将他们的印章带到现场,给有兴趣购买他们著作的读者钤印留念。一小时的活动很快结束,参加活动的作者与嘉宾乘车前往六艺会馆,继续就此辑丛书的出版展开讨论,并对这套出版了三辑且已在读者中产生了良好影响的丛书进行了深入的探讨。座谈会由陈子善教授主持。

**刘毅强(上海辞书出版社副总编辑):**

一般来讲,从书的收益来看,上海人说,过一过二不过三。我们《开卷书坊》现在已到了第三辑,那么还有一句话：过了三就看五，过了五就看十，我记得早几年我们有这么一个宏愿，就是我们《开卷书坊》一旦到了五辑或者是十辑之后，蔚为大观，这个是我们现在说的理想。这次我们是借了李大伟先生的场地，他既是我们上海辞书出版社的作者，也是《新民晚报》一个专栏的作者，而且现在办自己的教学事业，也很不错，是我们多年的老朋友。我社何元龙社长，昨天还说要过来，今天早上我向他请示，他说香港中华的老总最近在上海，今天晚上要到我社里去，他要接待，所以他让我代向各位问好。另外，彭总（彭卫国）不在上海。如果他在上海，我相信这个会他肯定会很高兴来，彭总也让我向各位问好。接下来我介绍一下童力军，他以前是上海古籍出版社的，今年加入到我们辞书出版社，是我社副总编，也是辞海编纂处的副主任。小童对读书非常地喜爱，所以我邀请他过来一起和各位见面。按照我们去年的惯例，由子善老师主持今天的座谈会。

**董宁文(《开卷》执行主编,“开卷书坊”《开卷闲话八编》作者):**

下面我们先把来宾介绍一下,先从这边开始介绍起。这位是王圣思老师,是我们长期的支持者。她是王辛笛先生的女儿,曾任华师大中文系的总支书记。这位是子张老师,是《开卷书坊》中《一些书　一些人》的作者,写人写事,文章很好的,也是我们《开卷》的作者,写的文章很多。这位是陈子善老师,去年也参加了我们的品书会,对我们很支持。刘绪源老师,长期在《文汇报》工作,曾任《笔会》主编,现在已经退休了,退休之后作品非常的多,我觉得最重要的是他的儿童文学研究,一系列的著作非常有影响,刚刚完成一个有关儿童美学方面的书,一会儿他会给大家介绍一下,听说李泽厚先生对他提了很多非常好的建议,也给了他很大的肯定。这位是余佐赞先生,是中华书局上海分公司的总经理,也是一个非常喜欢书的人,出了大量的文化书籍,有很高的见解,我们这次请他来是让他给我们提提意见。这位是在上海博古斋工作的陈克希先生，眼光非常的高，还是上海出版博物馆的顾问。这位女士是从成都过来的，成都毓秀苑宾馆的总经理赵艳斌女士。她这次来想通过跟大家的交流来取经，想把我们上海的海派文化和出版方面的资源带到成都去，成都也是一个文化底蕴深厚的城市，从她的角度会有一些创造性的发展。我们这边最老的先生是马振骋先生，所有的人都知道他，每一次我们搞活动他都会赶过来，很远路又不好走也来了，我们表示敬意。这位是杨云辉，从长沙来的，岳麓书社资深编辑，我们很多年前就合作了，我们经常有交流，对我们的活动起到非常大的作用，《开卷文丛》第二辑就是在他们社出的，还有一个“我的系列”丛书，那么多年大家的交往非常的密切。他边上看起来非常苍老的先生，是杨小洲，他现在是著名的出版人，近两年特别的活跃，出了很多的书，也做了很多装帧做到极致的书，在形式上面想打造一种其他人做不到的事情。这个书已经出来了，但是还没有完工，我觉得对我们来说是打开了一个视角，因为我们的书是很平常的，但是他出的是世界上还没有流行的，可能是研究个案。这位是上海《文学报》的记者何晶，我跟她认识的时间是最短的，我们只是二十几天前她到南京采访时才开始认识的，原来她一点都不了解有关《开卷》及其系列丛书的。她也是南京大学毕业的，与南京的关系比较密切。这两位是《文汇读书周报》的编辑朱自奋和顾军，我为什么说每一次都要请她们两个人，一般正常的情况下她俩是记者，但我是将二位作为朋友、书友请来的。我们下面继续介绍，周立民先生，近两年有大量的作品问世。我们再介绍一下刘小明先生，他是上海辞书出版社的文学编辑中心主任，也是我们的《开卷书坊》主要的策划编辑。我们的前沿阵地是我们的刘总负责，每一次都特别地细心，而且水平特别高。这位是杨月英，也是很厉害的一位。这位是辛琪，去年来到出版社。这位是资深编辑于欣，我们最近一些比较好的书，都是她主编，做得非常不错。一会儿我们再补充，下面我们请陈老师主持。

**陈子善(华东师范大学教授、博士生导师):**

他(董宁文)把我的书编到他的书里面,我是执行命令。《开卷书坊》去年出版第二辑时也有这么一次欢聚,这是第三辑。与上海辞书出版社的合作非常成功,这次合作开始是彭总在当领导的时候定下来的项目,现在彭总已经高升了,何社长来了,这个项目继续维持,我觉得是一个比较有远见的举措。因为董宁文的"开卷"系列丛书秉持着一个总的理念,就是说做一些有保存价值的,或者是能给读者带来一些帮助的随笔散记,或者都是一些新的见解。以前有一些作者是离开我们了,所以这个书带有纪念意义。而且这一系列书面很宽,文学艺术等各个方面的人都有,这一套丛书很有特色。有一些作者甚至是第一次出书,也是《开卷》第一次为他们出书。你们都是第一次,以后还可以有第二次,我觉得这个很好。接下来首先请这一辑的各位作者把自己这一辑中的这本书的内容做一个简要的介绍。

**刘绪源(原《文汇报》副刊“笔会”主编、学者):**

有一种很亲切的感觉。我最近正好给民间出版社写一套少年人物读本,民间出版社原来是山东少儿社,现在是全国最好的出版社之一。我也是做了很多,主要是编选,我根据少儿存在的问题,把我到现在阅读思考的体会都放在里面,但是那个稿子非常地乱,各种文本都有,我很担心,这个是需要多看点校样,他跟我说快出来了,让我电脑里看校样,我觉得问题很多的。整个三本书就是“五一”前后的假期里面看的,基本是一天20万字,急急忙忙地弄完,他们的编辑做了很多的工作,但是出书很快的,让我感觉程序怎么那么简化。这一次的“开卷书坊”中的这本书,文字都是很成熟的,基本上都是比较现成的文章编辑在一起,都是电子文档。编辑看了以后发现很多语言自相矛盾、表述不清楚,这种编辑和作者之间的来往我觉得很熟悉和亲切,相互之间的探讨让我感觉很放心。这是一种传统的编辑的工作,我觉得这个是必不可少的编辑的程序。但是现在整个出版界这个变化很大,这个传统不应该丢的，如果这个传统丢了，出书就变得很随便。我在文汇报社的时候总是开玩笑，这个不像是报，就是一个黑板报，一下子就上去了。我编的版面是要很多天的，这种编辑也是一个最有趣的工作。这一次我的体会很深，所以我觉得辞书出版社这个很好，一定要永远地传下去，先讲这些。

**董宁文：**

现在请成都来的赵总发言，因为她马上要赶飞机，所以请她先发言。她在文化推广方面做了很多的事情，承办过第八届全国民间读书年会，还参加了一些其他阅读方面的论坛。她是专门为我们这个事情来的。一个很忙的企业家，也是一个爱好文化的人。我们这个开卷书坊对她有吸引力，她就来了，顶着很大的压力，我们可以和她合作，开一个开卷书坊，我们的作品一起过去展示。

**赵艳斌(成都毓秀苑宾馆总经理)：**

各位老师，认识你们非常地荣幸。毛主席说，没有文化的军队是不能打仗的。刚才董老师已经说了很多，我就不再赘述了，这次是专门为了上海书展从成都赶来的，这次的收获非常地大。我二十二年前在上海读书，在五角场的空军政治学院，其实对上海的记忆非常地深刻也很亲切。我现在在酒店工作中，把阅读、读书还有文化结合起来，我觉得是我最大的福气，特别是阅读当中最美的风景是人，因此我刚才鞠躬，我要是穿军装，可能还要敬军礼。在之前，我们是二〇〇九年有一场文化活动，纸阅读文库第一辑是在成都出版，我们有幸参与了这次活动，过后有一篇文章是写董老师所在的南京凤凰台饭店，当时董老师的书房就在南京的凤凰台，这文章的内容是从凤凰台到毓秀苑一脉相承。二〇一〇年的时候，流沙河先生的新书《流沙河认字》新书发布就在我所在的毓秀苑举行。二〇一〇年过后更是好戏连台，第八届的民间读书年会我也非常荣幸地全程参与接待和保障，由此和我们全国各地的作家、藏家及出版界的各位长者和先生认识了。在这之后我们就连续举办了钟灵毓秀阅读文化节，今年已经办到第七届。我想借咱们今年上海书展董老师以及各位老师第三辑的《开卷书坊》揭幕以及非常圆满的活动，给董老师发出一个邀请。我的酒店一个小型图书馆正在建设当中，我非常希望各位老师能够答应我这个请求，把《开卷书坊》这个品牌嫁接过来，我觉得这是我对这次活动略表的一点心意。特别是从二〇〇八年过后，上海对四川很支持，我们汶川大地震之后得到了全国各地的支持，特别是上海，许许多多的人力、物力、财力的支持，后来很多的活动在成都落地，这是长江头和长江尾的关系。这个酒店长期举办各种各样的摄影、书法、绘画、美食、旅游等文化活动，还有新书发布和军事论坛的系列讲座，在座的陈老师我们也专门请过到我们的阅读文化节上作“我心目中的张爱玲”这样的讲座，在成都本地获得非常大的支持。所以我们想做一个小小的桥梁和纽带，做星星之火的一点事情，我也是心甘情愿。毓秀苑在成都，我们所处的地理位置就是用南宋诗人陆游说的“当年走马锦城西，曾为梅花醉似泥，二十里中香不断，青羊宫到浣花溪”。我们就处在这样的地理位置。我想文化的发展会促动经济的进步，可是在经济进步发展过程当中我们也看到，尤其是小酒店，是社会的缩影，我们需要精神的发育。而在精神的发育和经济的进步中，我们想在酒店这个小小的平台上，把我们各位大家的思想、光芒、成果，通过酒店的平台做更多亲密的碰撞和连接。

现在我们成都文化氛围非常好，一些企业家、大学的 MBA 都在开展各种各样的文学沙龙、艺术沙龙、讲座，还有旅游也和文学嫁接起来。我觉得如果有可能，我愿意做这样的文学使者，为文化服务，做一名文化义工。如果大家有机会来成都旅游、出差，一定给我一个效犬马之劳的机会。四川是美食之都，也是休闲之都，特别是现在政府又提出来建设创意之都、艺术之都，这些和我们自己的生活有着紧密的联系。我想能够借上海的能量在我们自己的平台上做一点有意义的事情。谢谢大家。

**董宁文：**

希望毓秀苑和《开卷书坊》进一步合作。刚才来了一位重量级的人物：朱绍平先生原来是在浙江，现在调到上海，他是我们这边最大的一个领导，厅级干部。他非常喜欢文学作品，结交了很多喜欢书的人。他很多年前找我的时候，就把信写到什么地方，之后被退回了，可能是地址没有写对。又是一个偶然的机会，他把我们找到，我给他介绍了很多的人。他也在上海，兴致也非常地高。我们一会儿请他交流。下面请子张老师。

**子　张(浙江工业大学人文学院教授)：**

我今天很荣幸受到邀请来到这个座谈，我就身份来讲实际上是从十几年前就有对《开卷》的支持，是一个老的作者，但是书今年是第一次出。我当时抱着一个心态，就是一个记者写的关于《开卷》的采访记录我特别喜欢，尤其是谈到这个“不急”，我觉得这一点和我是很相似的。这是一个慢慢积累的过程，我们读书写东西目的不是一定要怎么样，而是对自身的修炼，有这么一个乐趣。我开心的是在十几年的跟《开卷》的关联当中我找到了一种快乐。在我这个学校里面，高校的体制把科研当成是功利化的东西，我们日常当中为它们所苦。后来我有一点离经叛道，所以在学校里面有一点像不务正业。我觉得这个无所谓，我认为将来高校不能总是这么下去，总得找到一个自己的正轨，回归自己的事情当中去。我想如果我们有能力的话，尽量在这方面做一点事情，像这些前辈们一样。作为作者来讲，我自己觉得很羞愧，看看这个书，比如说我们在座的陈子善老师从这个史料的角度还有这个现代文学的分析方面，我们没有办法比。比如说原来的作者韦泱先生还有陈克希先生在对旧书的挖掘上很有贡献，我后来发现远远不如他们，所以我在大学工作当中，不断地发现自己的矛盾。我们六十年代出生的人文化的积累越来越浅薄了，我一直是抱着慢慢来补课的心态，所以希望将来能够向在座的或者是今天没有来的一些先生们学习，这个是我最大的心愿。谢谢。

**陈子善：**

子张兄他是一个诗人，是研究诗的，同时自己也写诗，写得非常的好，还出过诗集。而且他非常的潇洒。刚才他自己也讲，在大学的氛围当中，学院派的体制当中，他并没有完全屈服，做他自己认为应该做的事情，这一点很难得。项目不是说多不好，但是确实问题很多。下面哪一位？

**董宁文：**

我觉得《开卷书坊》的气息我很喜欢，所以我们就聚集了一些作者从《开卷》走出来，我觉得这个是很独特的味道，不张扬，平实，里面有很多的资料和材料在，讲得大一点在文化传承里面是有一环在里面的，但是这个东西也许是一年两年看不到，但是四五年下来，聚集了一大批的作者，出了一百多期的杂志，也出了很多的书，规模还是有一点的。下面我就在想把更多的喜欢我们《开卷》这种氛围的作者更多地吸引过来，我们在书香、阅读的气氛的营造上做一些功夫，因为这种喜欢书的人，进入这种境界心情是比较愉快的。现在人的事情很多，社会也很浮躁，《开卷》我需要讲一下就是每一期里面都有一个《开卷闲话》，这个创意很有意思，当初有这个想法的时候很多的人觉得不可思议，就觉得这个东西怎么可以。第一次完成的时候是需要一个东西在里面，这个不管好还是不好，就得有一个东西在。也许不常常联系，但是有一个情谊在，我觉得是一个维系的作用。也想不到第二辑、第三辑一直到现在，我们的刘总也在讲可能还会出很多，我原来也在想这个出到十编就可以了，以后再出就是形式的东西了。这个以后还是有自己很多的回忆在。

这次的设计在我们前两辑的基础上更有书卷气，大家看了很亲切。这个并不完全黑色，有一点发绿的颜色。这次的改变确实很好，初稿看了就觉得很高兴，首先要感谢作者，再感谢读者，再感谢我们出版社的编辑，这个是共同的一个事情。很多人问我们怎么能坚持这么长的时间，我觉得有很多的人支持我们关心我们，如果我们因为有一些困难停下来，总归是对不起大家的。我想我们还会一如既往地做下去,《开卷》要做下去,《开卷书坊》要做下去。我们以后会做其他的事情,围绕《开卷》,把这个再扩大一点,让阅读这种感觉熏陶到更多的人。

**陈子善:**

立民还没有来,我就把我的讲一下。宁文刚才讲了十五年,这是一个过程,最开始是一个小刊物,能够坚持十五年确实是不容易,尤其是在中国当下大的背景下面,能够做到确实很不容易。他和蔡总这两位功劳很大,我一开始就是他的作者,虽然文章写得不多,但是始终是他的作者,也是他《开卷》忠实的读者。而"开卷"丛书这个是衍生的产品,原来是一个小的刊物,后来觉得有必要再进一步地拓展。拓展有两个方向,一个是编写一些专题性的文集,第二个方向就是《开卷》的作者个人的自选集,各个不同角度。所以《开卷文丛》我也有一本,这个是第二次有幸被他选中,很高兴。但是我没有更多的新作,怎么办呢?他说你要想一个角度,我后来就想到一个没有办法的办法。我说我把我自己写的不是为别人编的，自己写的书的序跋编在一起，以前出过是为别人编的，自己写的没有完全综合在一起，这个是一部分。当时定了个名字叫作“自画像”，我自己写的自己是一个什么样子。第二个部分就是我从小到大买书、编书的一个经历的文章也全部收集在一起。还有一些文章是没有专门出过书的，既然有了自画像，就有别人怎么看我，既然是序跋，就把别人的，主要是前辈和我的同事给我的书写在序跋里面，所以两辑的自画像和一辑他画像变成一本小书，总的书名就叫作《自画像》。我定书名前两天，有人才告诉我外国有一个作家的一本书也叫作《自画像》，那个是虚构的作品，我这个是非虚构作品，所以还是要感谢主编大人，感谢上海辞书出版社，感谢我的责任编辑，她非常认真，稿子、提纲出来以后，这个字是不是这样用，这个合不合适，还有那句话好像不通……这说明辞书出版社的编辑力量很强，因为本来是出辞书的，这个是不允许有差错的，所以这个是比较满意的。当然有一个细节我要跟责任编辑个别交流，就不说了。

**周立民：**

首先还是要真诚地表示感谢，确实不是客套。作为一个作者也好，或者是一个读者也好，这个是很难得的事情。刚才刘总也在说，无论是就董宁文来说，还是对辞书出版社来说，大家都想把这个书再接着做下去，这个是很了不起的。因为从我的感觉来讲，在现在的中国，出一套书或者是做一本书，不应该算是一个特别轻松的事情，但是也不是很困难，我们月球都可以上去，中国现在大概没有做不到的事情。我觉得有一些事情都是可以做到的，哪怕就是说那天我们开玩笑说的我自己打印机打出来装成书也可以送人。从某种角度来讲，做文化不是我们这种轰轰烈烈的方式做的，或者是一下子国家投入多少钱让大家走出去的做法。我真的很欣赏像咱们《开卷》一点一滴的，这样做下去。我觉得有文化的东西它的魅力不在于一年两年三年五年，可能真的是要看三十年或者是五十年。这个书是一本本做下去的，这样的坚持，我觉得在当代中国的社会，比轰轰烈烈一下子出了一百本书这样的形式更伟大。在这一点，我特别欣赏能够把这件事情坚持做下去，能够有一个很长远的想法，而不是好像突然从哪里做一下什么。我觉得在这一点上，至少中国当代的出版家都应该有这样的眼光，不然的话，我可能会叫他出版商人，因为商人是要赚钱的，可能也会赔很多的钱，但是在文化上不是用这个衡量的，这个效用也不是这样发挥的。我举例子，有一些作家不要牛，随便首印十万，我说鲁迅的《呐喊》首印也是一千或者是两千，我说要这么比，你一百年之后，再跟我说有多大的累计印数，我觉得这样的话是这本书最牛的地方。我们做每一套书或者项目，有这样的眼光是可以信赖的，而且也会是贴心的，早晚会体现它的作用。我印象最深的是复旦当年社会学系的博士，曾经写过一个考察云南独龙族的博士论文。我当时非常感动的是大概共产党的领袖只有胡耀邦去过那个地方，因为到了云南的什么县之后还要走五十里路，进了山才可以到那个地方。但是一九零几年的时候那个地方就有教堂，一个少数民族很大一部分人信仰基督教的。我觉得有的时候是需要有传教士的精神，你想想整个族都没有几个人，我们有的时候会想付出那么多成本和这样的代价，在那建立一个教堂干什么，总共才几个人，我不如在上海发展，一下子是一万人或者是两万人的教众。那里整个的民族是几千人，但是传教士就有这样的一个精神和本事，这个是很有意思的事情。好几年前一个调研组突然把我们召到宣传部去，说怎么做能让八〇后入党，我说你们的宣传资料没有教会的宣传资料平易近人。我经常想到的是传教士，一个在中国这样有几千年文化传统的国家，作为一个外来人，他们用他们的心力传教而且不排斥任何一个人，我觉得在这个上面真的不是做商业或者是做其他什么可以比较的。

这个是我要表达的和要说的，再一个就是刘老师说的，我也是感触特别地深。我也在和不同的出版社打交道，其实我也不喜欢突然收到一个 PDF 版就是看校样的，我每一次都是自己打出来，改上去。我觉得有一些老的传统不能丢的，尤其是出版，出版我越来越理解是一个手工的活而不是大机器时代做的，大机器时代的或者是电子时代咱们可以做电子书，我也不排斥电子书，我出门照样也看电子书的，查资料也是可以的。但是我觉得真正的出版物，肯定是要有一个现实载体的，一定要有人的温度的，我甚至遇到最极端的老编辑，就是《巴金全集》的责任编辑王仰晨先生。他是二十世纪四十年代在重庆生活书店出来的，他认为铅字的书才是书。所以《巴金全集》编辑的时候是从一九八六年开始的，那时北京已是电脑照排了，但是他一定要找铅字排版的印刷厂，这种坚持你当然会觉得很老派，但是你现在做的就是一个传统的产业或者是夕阳产业，什么可以让你守住？就是老派，就是这种老派才可以守住。我觉得我这本小书也很感谢宁文。我原来也是有一个想法把这些人收集在一起，大概是两部分，一部分是写交往的老文人，都是去世的那些。我觉得跟这些老的文人交往时点点滴滴的过程，可以体现出他们对人的这种尊重、平等、气度和胸怀，我觉得这个对我们的一生有很大的影响。下面一部分写的是我不一定有过交往的，但是我认为很有意思的文人的事情。刚才讲到老派，我特别注意到章培恒先生的文学史，这本书后面也有一句感谢，这个感谢对我的影响很大，他感谢复旦大学的杨福家校长。这个好像是一个下属感谢领导，但是他说了一句话，他说这个书第一版出的时候杨福家还在任，自己作为一位复旦大学的老师，别人会认为这种对校长表示感谢是下属拍领导马屁的，当然他并没有这种想法，但是他心里是念着杨福家对他的情，对他的这个文学史的资助是很大的，现在杨福家不是校长了，所以自己可以写出来了，表示对他这样的感谢。我觉得其实在这里面，这种老派的分寸、这种情谊的表达，这种表达又不介入一个什么样的关系里面，有很多微妙的东西，我的这种感触真的特别的深。

我曾经在一家报纸当过编辑，地方的报纸，不会是《文汇报》那样的，当然也接触过很多所谓的名人，我当时印象很深的一个是我们当时的报纸中间要用一个画，我就随便买了一本书，用了吴冠中的画，我给吴先生家里面打电话，是吴先生本人接的电话。他问你干吗，我说我是一个报社的编辑，我想用您一幅画，我们会给您开非常低的稿费，大概是一幅画八十或者是一百，他说这个无所谓。我看这么爽快就同意了，我就得寸进尺，我说您可不可以给我一个签名，这样做在版上很好看，他说你告诉我传真号，我十分钟之后就拿到了。非常有意思的是现在这个书要发稿之前我趁机回大连，居然找到了他给我的那张传真纸，我就把这个放上去了，我觉得这个你们可能没有感觉，但是有的时候我们处在一个非常低的位置上仰望这些人的时候，恰恰是最清楚地看到每一个人他对待你的这种态度，可以看出这个人的本性。我觉得在这些细节当中，无论我们多么的前卫、现代，真的很多这样的传统不可以随便地割裂，如果割裂的话，我们可能真的像一个飘的人，或者是一个很平面化的人，包括像昆德拉新的小说里面有很多的忧思，如果这个是昆德拉最后一部小说的话，可以说是他对二十一世纪的一个遗嘱。他已经八十五岁了，不知道还会不会写。包括还有很多事情，比如说宁文，在这个时代里，我觉得他有一点像文化义士这样一个身份的感觉，他可以做任何的事情，我们的智商不比别人低多少，我不是说做文化怎么样，至少他一心一意地在这个上面投入了他的热情和生命，我觉得这个本身是有文脉存在的，一直在延续过来的这样感觉。还有因为今天在座的都是读书人，我觉得应该呼吁一下，上海的书店太差了，我们当然有一批非常好的作者，如果能让这批非常好的作者生活下去的话，我觉得我们上海必须要有好一点的书店。现在书店一家家地倒，像样的是屈指可数，这种情况不利于做好书的一个下面的存储。我觉得一个好的书店不一定会多大，哪怕我们现在所在的房间这么大都可以。我最近感到更可怕的是前一段时间看到傅杰老师，我问他最近到哪一个书店去，因为复旦旁边那么多的书店逛一天都逛不完的，现在都变成了考研究生的教材书店还有考托福的书店，我觉得这个是很可怕的事情。尤其是出版社，你们可不可以联合起来哪怕是开一个小的书店，能够把这个东西做起来，总要有一个传承。我之前到天津去，看那个读者的服务，那个编辑给我们打电话说这个服务部已经没有了。我觉得这个情况非常的可怕，我们必须得有的。傅杰老师说还买什么书，现在已经快要去卖书了！没有什么得意的书店可以逛，这个是非常现实的问题，因为我们所做的这些东西还是需要一个固定的点来流传，网络有自己的便捷，但是需要跟人接触的环境，这个环境消失了，很多情况可能会越做越艰难。我就讲这些。

**陈子善：**

立民讲的非常有意思，他谈的书店问题我等一下再讲。朱先生还有要事，能够百忙之中参加我们的会很难得。大家知道他是一个公务员，事情特别地忙，而且他又是一个非常爱书的人，不愿意失去和大家交流的机会，下面请他先讲两句。

**朱绍平（浙江省驻沪办主任）：**

各位老师好，非常感谢这个机会，本来我十四号晚上和宁文喝茶，因为我们在看青奥会的预演，就在南京的一家茶室里面聚了一下,那一天还有很多人,也非常地高兴。宁文说有一个活动,我说那肯定来,我本来明天上午有一个会,我是今天从杭州赶过来的,我还在想来不来,但是我已经答应了,不来是失信的,我今天来了明天早上要赶回去。后来我再想还是要过来的。中午又碰到了一个朋友。我是浙江省人民政府驻上海办事处的,也是一个窗口。他们来人,我就陪他们,晚上说还要干什么,我就跟他说晚上不要安排了,我会失陪一下,这一天就是匆匆忙忙的。因为我这个人喜欢买书,新书旧书都买,乱七八糟的就买了一些,所以非常感谢今天有这么一个机会,我希望各位有空的时候可以到我那里去,我那里可能陈老师还没有去过,在安亭别墅那条路,我是去年三月份到上海办事处的。所以我希望你们下次有机会到我那里坐坐。我就讲这些,谢谢大家。

**陈子善:**

　　朱先生是爱书的人,藏书家,所以他只要有时间就会来，上一次的会也是这么匆忙。我接下来就讲讲刚才立民提到的书店的问题，他抱怨了一大通，我可以提供几个信息。明年有可能在上海开出两个让大家有一点兴趣的书店，一个就是广州的方所，是广州最漂亮的书店，背后有一个支撑，是百货公司，用诚品的模式，很好。诚品原来的负责人廖美立就是广州方所的总顾问，当年她在广州是试水，先在广州办一下，据说是效果不错。她当然要向上海进军，这个是有专门的一个计划，如果顺利的话明年或者是后年上海就会出现层次非常高的书店。这个是大陆之外来的资本、台湾资本。第二个就是大陆的资本，西西弗书店，民营书店，也正在跟上海洽谈，如果顺利的话明年上半年就可以开出来，在上海开一个书店。西西弗已经成立八年了，这个是在中国西南地区最大的民营书店，在贵阳起家的，后来在成都、重庆、深圳、南宁都开出分店，包括在贵州有很多的分店。这次贵阳全国书展期间办它二十周年的庆祝会，非常的隆重，请了四十多个人，参加全国书展的所有的出版社都请到了。他办店的理念很清楚，他说他不是办的高端的专业的学术性的书店，所以他卖的是大众精品，也有励志、养生等等，我觉得这个是可以的，一个大的书店有这么一个部分在里面，是完全合适的，还有很多衍生的产品。

**马振骋(法国文学翻译家，“傅雷翻译奖”得主)：**

其实我做的事情和董老师做的事情没有什么直接的关系，但是在某种程度上说是有联系的，其实我现在来是和大家格格不入的，对这些事情不是很了解，就是自己看待问题的一个看法。从专业来说，主要是联营，出版社不出，你就没有戏演，所以我对董老师刚才说的他这十几年就做这件事情很佩服。那个时候有一个法国很出名的设计师，华东师范大学请他来做报告，他就讲了一句话，他说你们想搞设计的人，年轻的时候要确立一个目标，你一生就为这个目标而奋斗。他自己是画画的，他说东方人的画很漂亮，后来用了十几年的时间，就根据这个画不断修改。

**余佐赞(中华书局上海分公司总经理):**

我是非常感谢宁文老师的邀请,我真的是来学习的。第一个我觉得上海辞书社很有魄力,这个书大家都知道,现在做这么多不容易的。我们也是做出版的,自己也是出版社的人,非常能理解这种魄力。第二个,我觉得这一套书如果长久地坚持以后会形成一个品牌,国外很多的出版社都是靠支持的。《开卷书坊》如果再做下去,大家也非常期待有机会再做下去,我觉得以后会形成一个风格,时间长久了会形成一个品牌,所以我也期待宁文老师和在座的很多老师把它坚持下去。辞书社的两位老总和编辑非常有能力。我今天来是会朋友的,有很多的新朋友和老朋友,也有很多是久闻大名的,都是很不容易见面的。我觉得今天有很多有名的作者,真的非常感谢有这个机会。

**陈子善:**

远道而来的杨先生也是和《开卷书坊》合作过的。

**杨云辉(岳麓书社编辑):**

我是昨天来的,有两个收获,一个收获就是今天赶上了这个《开卷书坊》第三辑的首发活动。多年前,《开卷文丛》第二辑就是跟我合作的,那个时候确实是搞得很好,原来是想一直搞下去的,但是我们社的发行力量让我不敢继续合作。后面搞了几个“我的”系列,《我的书房》、《我的笔名》,那个印制量不小的,但是我们在这方面还是没有搞下去,印了大概是八千多。《我的书房》是比较好的,之后还加印了。我很佩服宁文兄的,他一直在坚持,不管什么样的情况,做到这种程度,开卷系列要一直做下去。我是很不好意思的,没有坚持做下去,所以我很钦佩上海辞书出版社,能够在现在的出版环境下面还在坚持。现在出的这个《辞海》是大开本的,很畅销的,已经有几百万册了。我们原来搞的时候是做书,就是以书养书,这种要一定的财力支持才可以的,也是需要一定的魄力的。可能这种书会销得很好的,我觉得做得不错。我说的第二个收获就是我是悲观派,认为这个纸媒的出版,基本上会慢慢走上一个线上书的形式，就是以后看书的人不会很多。但是今天到了展览中心，就看到很长的队在排着，买票进去买书，这个对我的震撼很大。我没有想到还有这么多热心的读者，读书在上海有这么大的魅力。全国的书博会大家是会朋友，交流一下，看的人还是多。所以就是希望你们的出版社继续出这种好书，还有就是纸媒还是有希望的。我今天发了两个微博，一个是签书会的，还有一个就是排队等着买书的，说纸媒出版应该还是在收获的秋天，离冬天是不是还很遥远尚不知道。

**杨小洲(出版人)：**

我跟宁文交往也有七八年了，《开卷文丛》其实对我的影响很大，我也找他要了第一辑，随后第三辑是湖南教育社出的。其实当时写作还是很想写相关的作品和人物的，这里面有陈子善一部作品、钟叔河一部作品、止庵一部作品。后来发现宁文有一个特点，就是这样的书收起来不像我们那样处理，他收在这个文丛里面的每一辑作者都不是统一的，有一些是搞文学创作的，所以你要了解他有可能是会写得单一一点。宁文这里难度很大，要把所有的东西读完，不是短期的。但是他对我的影响很大的。随后我发现宁文编辑的书有几个特点，一个是对老一辈的作者特别尊重，会为他们做一些特写。另一方面会尊重江南这一代金陵帮的人，外加上海陈老师这样的人，会注重这样的群体，至于北方的像止庵基本上没有，所以我后来编的就是注重北方的，然后到深圳这样的一条线交叉过来的。他是一个纵横的，我们是这么过来的，也很好的，这个是一个互补，这个也是从宁文这里学来的。所以他对我的几个方面的启发很大的，随后有一些另外的发展。

**董宁文：**

他这两年在做书上面是走火入魔了，真的是投入很大的。

**杨小洲：**

这个投入是很大的，因为我可能是在不断地变化，但是宁文这里是坚守，一直到现在的《开卷书坊》，一个米色、一个红色，还有现在的黑色。一卷比一卷好。有一点可以看出是一直在坚守这个东西，我很赞同云辉说的一些，包括这个书还是有读者对象的。还有一个，读者群是一个金字塔，底层肯定是庞大的，一个大众的群体。这个是我们以前的口号，就是文学艺术为工农兵服务。但是这个金字塔要往上走。我和编辑座谈的时候也有很多观点，包括领导、资深编辑等等，今天正好可以交代一下我的观点，就是一个优秀的编辑如果做文化和艺术，是不要考虑市场的，这样才可以用自己的个性来引领读者。这样的可能性不是很大。文化写作如果迎合读者，读者的口味是什么就写什么，这样既没有自我也没有文化的留存，所以很多的情况如我看到微博上有几次都说作为一个编辑一定要做市场的调查，那个是卖货，真正做文化和艺术，不是这样的。书也是商品也可以这样做，我是不反对的，但是我们如果做真正的文化和艺术的话，是不要这样的。牛津大学出版社也是这么做的，挣这个的钱来养活那个，如果只靠这个是活不了的。现在讲为什么做羊皮书，很多人是反对做羊皮书的，为此我花了二十多万，东西做出来了，但是还没有回本。欧洲学了中国的活字印刷术，改进了以后成为铅字印刷了，改变了我们的认知方式，世界的认知方式。宁文这个越来越好，我觉得也是这样，这种东西不是内容单一的方面了，它承担着很多的问题，比如说用纸、封面设计，已经牵涉到视觉还有保存等等方面，所以文化存在应该是更丰富一点的。这个我们也可以考虑如何去学习为什么这些十五世纪的图书可以保存得完好无损，我觉得羊皮书面这种奢侈的装帧艺术是有一点贡献的。往往人类文明的代表是奢侈的，所以我们看到一个东西不要一开始反对奢侈。反对政府的奢侈是对的，那个是人民的血汗，文化是可以奢侈的。我觉得以后的文化阅读、书籍的阅读是一种享受，既然是享受那就是奢侈的，所以我们不能够反对这个观点。我们看老上海的建筑当时会觉得很多地方是浪费的，我们现在是很简单地起一个四方格子，而且使用和观赏都没有的。我们的书也是这样的，我们这里面羊皮的装帧，附带了很多当时的艺术观点，比如说有洛可可、哥特式、国王式的还有法国的绚丽风，子善老师做的有绚丽风格的，我觉得这个有很多东西是有一定意义的，我们现在能不能够改造自己的书房成为很有这种艺术视觉的感觉，我觉得这个应该是要做一点考虑的。因为我们在这个方面来讲，有一定的缺失。所以我觉得做这个事情的话，意义可能目前看不出来，但是几年以后会发现，回想也许是有必要的，是有另一方面的作用。

**陈子善：**

现在他成了土豪了。这个书很漂亮，网上有人赞同有人反对，但是不管怎么说，这个是有意思的尝试。

**余佐赞：**

一定要讲懂销售的编辑就是好的编辑，我真的不赞同。真正好的编辑是自己坚持读和自己坚持写，坚持写是理解写作人的辛苦，坚持读是知道怎么能好读，这样的编辑才是好的编辑。卖出去是交给销售的人。社会分工这么明确的情况下一个人想做那么多的事情，这个肯定是错误的。现在的分工这么细，编辑又要入得厨房又要上得厅堂，这怎么可能呢？一件事就是做好你的编辑工作。我跟我的编辑就是说你认认真真做才可以做出好的东西，不要以为这里忙一下那里忙一下，好像自己是收获很大一样，其实是很浅的层次上，每一样都想做，每一样都很浅。销售的人员看你什么都不懂，因为你就是以为发发微博就能销售得很好。编辑工作你也做得不深，因为你跟作者没有办法交流。自己也不写东西，我们现在很多的编辑自己不会写东西了，就没有办法体会写作者的艰苦。所谓的创作是有规律的，你自己创作了才知道创作费劲，自己写了才可以体会作者的艰辛，就像立民兄有的时候说这个编辑为什么这样敢做，就是改得莫名其妙，就是因为他体验不到别人的艰辛，自己写的东西也不通顺，还要改别人的，这正是因为这个编辑不专业，所以我觉得分工细化的背景下编辑应该做一个专业的编辑，不要想那么多。

**周立民：**

我补充一个例子，你说巴金懂得什么经营呢？他办的两个出版社出的书还有很多地方在印，如果从这个角度讲，那个书卖得也是不错的。

**陈子善：**

说巴金不懂经营，我怀疑他应该是懂得的，他这个懂得经营的可能不是我们现在理解的经营。他当时从作者、选题，可能就是把我们现在认为经营的内容都融合了。我觉得没有你考虑得那么复杂，他的作者很简单，就是自己的朋友。

介绍一位新朋友，唐吉慧，在我的眼睛里他是一个才子。他除了是才子，还有其他更好的东西。他也是上海辞书出版社的作者，两年以前出了一本《旧时月色》，得了冰心散文奖。他知识很渊博，而具体的才艺就不说了。原来是今天中午就到展馆的，但他在宝山区有一个会，必须要参加。我替他做一下广告，据我所知，他印章刻得特别好，所以哪个人需要刻印章的可以找他。

**王圣思(华东师范大学教授)：**

《开卷》十五年前办的时候，我就是它的读者，有的时候也写一点东西。我和我的父亲，我们非常喜欢这个《开卷》。薄薄的一册，在手上不重，放在包里面也很轻，可以随时带着，有一些文章不是读一遍的，多读几遍，会给你很多的启发。尽管文章不是很多，每一期几乎都有一些很好的文章。而且《开卷文丛》第一辑就收入了我父亲的散文集，那个时候我的父亲已经病重了，最后拿到这部自己编订的小书，他非常喜欢。可以说从我母亲走掉以后，他一直没有笑过，而且基本上是不讲话的，但是在医院里面拿到宁文寄来的《梦余随笔》样书，就露出笑容，然后讲了三个字：出来了！所以对他来讲，这本书是他最后的日子里很看重的。一直到今天，宁文还是会寄《开卷》给我看，我还是会获得很多的东西，而且这个《开卷书坊》第一辑的时候我有参加研讨会，我就遇到了很多在《开卷》里面写文章的作者，也看到了他们的真相。钱锺书曾经讲，你吃这个鸡蛋何必看这个母鸡呢？我是觉得看母鸡以后就对这个鸡蛋更感兴趣，所以今天有机会再次来参加这个会，看到我熟悉的一些作者和不熟悉的作者，我觉得还是很值得读这些作者他们集中在一起的文章。所以我感到很荣幸。装帧什么的确实是很好的，很稳重、深沉的感觉，希望你们以后能够继续做得这么好。谢谢。

**董宁文：**

刚才王老师讲的我也有些感想。王老师对我很好，每一次去都是很照顾，而且给我写过很多的信。书刚出来的时候确实是感到很欣慰，我们在给辛笛老人送行的时候给在场的每一个人都发了这本书，因为喜欢文学的人用这个送他，这个境界是最好的。

**王圣思：**

给他送行的时候就是送这本书，其实给还有不少其他老人送行时也是这样的。

**董宁文：**

杨宪益弥留之际看到了刚刚印出的《去日苦多》，他躺在医院里，已不能说话，还是示意家人将他的这本新书送给医院里面的医生、护士，以及来看望他的友人。这本书对宪益先生是非常有意义的，在感情上起到了不小的作用。

赵瑞蕻先生的女儿在很多场合讲，他们家是把我当成了家里人。其实赵瑞蕻先生去世的时候也做过一次追思会，《开卷》那时还印过一个赵先生的纪念集，那种感觉就是特别的亲切。还有很多位老人，也都是非常喜欢我们给他们做的书，其实我们做这个事情还是有价值的，至少在精神上给了他们一个非常好的安慰。

**陈子善：**

下面请陈克希讲两句。

**陈克希（博古斋图书鉴定专家）：**

宁文对读书方面的贡献是非常大的。《开卷》

是一个小的东西，但是里面的资料非常的多，后来出了《我的书房》等“我的”系列等等，这都是谈读书的书，反映了当代国内读书人的一些状况，这些书都是可以流传下去的。我是做买卖的，是一个书商，我们在收购和卖出的时候这个标价是两样的，现在来说，当时是非常流行“谁动了我的奶酪”，一哄而起，之后就没有用了。谈读书的书我们收购价格就是两样的，在民国的时候这些有分量的书也是一样的。以前我们有一个上海书店内部供应处，其实这里面都是谈读书的书，其他一般的书不会放进去。当时迎合市场的书也有一些，就是小市民看的这些书，非常地好笑。我就说这个读书类的书是反映出当代的文化趋势和现状，以后是可以传承下去的。图书收购的价格是有高有低的，对这一类的书价格比较高一点，而且卖出去的也是高，不是一哄而起、一哄而散的。

**刘毅强：**

其实时间过得很快，我就把我想讲的内容浓缩成几句话。刚才王老师说了，看见母鸡之后会对这个鸡蛋更有感觉，我感觉我们就《开卷书坊》这套书来讲，“母鸡”有两种，一个是作者，一个是我们的编辑，所以我建议让我们旁边的编辑每一个人也讲几句话。他们做得很不容易。他们做的书有很畅销的书，当然也是前辈传承下来的，以《唐诗鉴赏辞典》为代表。去年我们社里面做了新的创意，所以小明的《开卷》或者是很小很悠闲，或者是大胆，因为有这几套书的销售支撑着他们。去年《唐诗鉴赏辞典》、《宋词鉴赏辞典》做了新一版，到现在也就一年多一点的时间，我记得大概已经重印了三次或者是四次了。那我们的《开卷书坊》肯定是小众书。通过做《开卷书坊》，我们的编辑可以了解很多仰望星空的事情。这次我们在编辑的过程当中，其实我也抱着仰望星空的心态，甚至我们在编辑的过程中遇到很多的问题很纠结，比如说遇到绪源，有一些问题要向他讨教，甚至要跟他一起商讨，我们的心情很有些忐忑。因为都是大家、名家，还有宁文主导，碰到一些问题和疑惑，确实是我们编辑很难把握的。比如钟老先生的书，怎么跟老先生来谈这个事情，我跟宁文，包括我们编辑室的同志，包括小明，都是反复商讨了几次。怎么给老先生写信，说这个事情，我是说写“陈情表”。我为写这个信打了很多腹稿，然后写了信，但是老先生很理解、支持我们，很开通。所以我们也很感动。我也不能说他是有气度，对这些文字方面的事情不是气度所可以解决的。我第一层的意思就是说我们在做书，我们很努力，但是做这个《开卷书坊》，我相信编辑投入的心情、心态与收获是与做其他的书不一样的。

第二句话，对宁文我要有一个劝告。宁文十五年做一件事情，马老师也说好，但是我也要提一个醒。宁文在中午的时候在展馆里面跟我说二十多年前就开始画画了，我心里就咯噔一下子：如果二十年前宁文不做《开卷》，就继续画画，那会是一个什么样的情况？说不定就是成就了一个著名画家啊。所以我突然有一个念头，就是宁文如果是明年做九编的话，把你自己画画的技艺小小发挥一下，在明年的《开卷闲话九编》里面，在每一个卷里面，你争取贡献出两套画，做一个整体的装饰或是插图。当然宁文肯定能够明白，我说这个话其实是对这个《开卷》的表扬。不再多说了。第三句话就是说延续去年开座谈会的话题，争取在下一辑里面发掘一些年轻作者、女作者，但是我们第三辑没有完成，所以我继续把这个话提出来，看看我们在第四辑里面能不能完成这个目标。

**陈子善：**

你要他创新，改革的步子要迈得大一点。要多找一些女作者的。反正明年至少把这个“男尊女卑”的帽子脱掉。

**童力军（上海辞书出版社副总编辑）：**

我今天主要是来学习的。上一次刘总说这个书展之后有一个座谈会要不要来参加，我说好啊，经常看他们的文章，但是人没有见过，有这样的机会我很愿意来参加。《开卷书坊》的这套书我首先也是很认同的。我是去年才来辞书社的，还是配合前一任的领导，确实辞书社今天的状况远远不像大家想象的那么好。在这种情况下能够作出这个决定，能出这个书，而且每一辑都是十本，我确实是很佩服前一任的领导在做这个事情时的魄力。这个书非常有价值，就像董老师他们刚才说的，这个《开卷》坚持了十五年，我觉得在现在这个情况下真的很不容易，而且网罗这么多的大家来写这个书。我原来做编辑室主任的时候，也跟编辑说，只要那个书有价值，那么你就去做，不要一做就考虑这个经济效益，当这个书有价值的时候，很多情况就自然而然地来了。

**陈子善：**

下面还有哪几位没有讲过？应该都会有准备的，就从刘小明开始。

**刘小明（上海辞书出版社文学中心主任）：**

现在这个做的是三辑了，整整做了三年，虽然不是连续的三年，二〇一一、二〇一三、二〇一四年。刚才老师们都说到，不一定要懂这个发行，但是我要说的是编辑压力大不大？卖不出去压力大不大？考核也是越来越重，在这个新的考核体制下，我们已经感受到压力。刚才有人说做“开卷”要有宗教精神，老实说我们没有这么高的境界。现在我们这个书的印量大概是三千或者是四千，处在一个边缘，要挣钱真的很难。我们的稿费也不高，写一本书花不少的时间，一本书几千块钱，真的很少的，这一方面我们也受到压力。觉得对不起作者。我还想讲一下我们这个作者队伍，就是从第一辑到第三辑，我觉得其实我们这个作者队伍是越来越整齐。我们这一套书是定位为关于书文化的随笔，也可以是不限题材和主题，放开一点，只要是在文学或者是读书这一块就可以的。我是周立民的这一本的责任编辑。我之前是看了周立民在《收获》上写的文章，一个专栏，叫“星海微茫”。我跟宁文说，能不能找到周立民。他说很熟悉的，就来联系了，我很高兴。立民写的这个思路，不受这个书文化的限制，我觉得很好，就说这么多。

**陈子善：**

其他的几位辞书社的编辑，都说一下。

**霍丽丽(上海辞书出版社编辑)：**

我先说吧，这套书做出来的成品很漂亮，各位作者和读者很喜欢，这个是我很高兴的事情。做这套书对我来说最大的意义还是编辑的过程当中。我这次担任两位老师的责任编辑，刘绪源老师和钟叔河先生都是我非常尊敬的前辈，在做这两位前辈的书的过程当中我的收获是非常大的。首先是刘绪源老师，他自己是资深的媒体人，对自己的稿子处理得非常严谨，在交稿的时候我记得很清楚，就是每改动一次就要给我更新一次稿子，前前后后大概有五六次。我想，一个作者对自己的书这么认真，那我作为一个编辑没有理由不更加用心。另外一位就是钟老先生，在我心中他就是我们出版人的前辈和榜样。在编辑的过程当中虽然遇到了很多的问题，在跟他沟通的过程当中也是深深体会到一个老出版人对出版有一个理想，他有他的坚持，就是在最后虽然迫不得已作出一些让步，我们有一些为难之处，他对我们非常理解。但是跟他交流的过程当中，他让我深深体会到他这些年做出版人所坚持的理想，这份执着很让我感动，也让我学到很多的东西。做这套书对我而言更重要的意义是向两位前辈学习。

**刘小明：**

这里面牵扯到钟叔河先生的一本书，这个大家也知道，我们确实是遇到了一些问题。里面有两篇的访谈录说话的胆子很大，必须要改，我们想了很多的办法，我们也通过彭总让市新闻出版局的相关同志看过稿子，也认为必须要改的。但是根据与钟先生的沟通，我只能是小修小改，要不然他就不肯出。丽丽的工作，真的是做得非常细致，一遍一遍地沟通，最后取得了意想不到的效果。这个我们曾经真的是以为要放弃了，因为不改我们做不了的。我们想这个做不了了，我们对这个书是灰心了，但是编辑与作者之间的这种沟通是非常重要的，做得好就起死回生了。

**陈子善：**

你们了不起，下面是哪一位？

**吕荣莉（上海辞书出版社编辑）：**

我是这套丛书里面《自画像》的编辑，做这套书之前，很惭愧，因为我和陈老师没有接触过，所以对他的作品和人都了解得不是很多。在编辑的过程当中，陈老师特别忙，活动很多，但是不管什么时候我很冒昧地打扰他，关于这本书有什么问题要跟他联系，他都能很快给我回应，就是回复我信息告诉我应该做什么，哪一些书可以查到的。不光是他的书，我还有另外一个作者的书稿里面涉及陈老师的内容，向他请教的时候他也是及时给我反馈。所以从这一点上我这两本书的编辑工作得到了陈老师很大的帮助。尤其是这本书，就像陈老师他自己说的，他自己出过的大概二十多本的序和跋都在里面了，还包括他这些年在全国各地、世界各地的一些淘书、买书的很有意思的经历，都让我看到陈老师有一颗玩心，赤子之心。这就是我的感想，谢谢大家。

**陈子善：**

她表扬我，我要进一步努力，听马老师的教导，要做更有意义的事情。还有两位，继续。

**杨月英(上海辞书出版社编辑)：**

我是董老师的两本书的编辑，七编和今年的八编，读这两本书的稿子真的是一种享受。本来董老师书里面的内容都是作者和学者之间的来往，有一些我还刚刚看到，这个八编里就在写他们交往的经历，读起来很有亲切感。还有从董老师身上也学到了很多的东西，就是这种对书的热爱。我觉得真的是对于我责任编辑来说，也是一种很好的学习过程。给董老师做责任编辑，对我来说是一个很感激的事情，谢谢董老师。

**辛　琪(上海辞书出版社编辑)：**

我还是一位新人，是去年刚刚来辞书社工作的。我做的是吴奔星先生的《待漏轩文存》，这个是我来社里做的正式面向市场的书，还是很荣幸第一本就能参与《开卷书坊》这套精品。因为我刚刚入行，有很多不足的地方，在编辑的过程中也得到了很多老师的帮助。因为这本书有很多是最后限于篇幅不得不忍痛删掉了，吴星海先生也很理解。总之，能够在职业生涯的开端就参与到这样一套书的编辑过程中，真的很荣幸。

**陈子善：**

下面请于欣编辑讲一讲。

**于　欣（中华书局上海分公司编辑）：**

各位老师好，刚才我们余总讲他今天是会朋友来的，我肯定没有那么轻松的，我是带着很强的目的性来的。第一个目的就是学习，当然肯定是这样的。我看董老师做这个《开卷书坊》向来就是内外兼修的，像我手里拿的这本陈老师的《自画像》，我觉得从作者、内容、书名、装帧就是占全了。我们余总经常讲，编辑的工作没有什么好讲的，就是拿书来说话，所以我也很羡慕在座的几位编辑可以做这么好的书。第二个我也是有约稿的任务来的，我要向董老师约稿的，我希望以后董老师会把这个做《开卷书坊》的经历写成一本书，供我们以后的编辑学习。在座的各位老师以后有机会的话，希望能够跟我们中华书局合作。谢谢大家。

**陈子善：**

余总手下的都很厉害，这位记者也要讲一讲。

**何　晶(《文学报》记者)：**

我今天也就是过来学习的，看到各位老师其实我也没有什么特别想说的。我想说的话稿子里面也说了，就是跟董老师相处的过程，觉得他可能专注于做事的态度，这么多年坚持做一件事情。刚刚那位老师说十五年做了这样的一件事情，有没有其他的爱好。其实，我觉得能坚持十五年不容易，尤其是在这样一个喧嚣的时代读书，这件事情更是难得的，所以怎么说董老师也给我寄了一份《开卷》，我觉得最好的回报就是好好读《开卷》吧。

**陈子善：**

下面请上海才子唐吉慧再讲两句。

**唐吉慧(篆刻家、收藏家)：**

首先我先表一下态，今天迟到了真的很不好意思，但是虽然说来了这么一会儿时间，听听大家的讲话觉得非常开心，至少比之前我下午在那个地方听到的话要有意思得多了，但是想走走不了。这次承蒙刘总的厚意，开卷的座谈会请我来参加一下。我其实原来是写写毛笔字和刻图章的，后来是因为一个兴趣爱好跟很多的旧书商有不错的关系，也成了朋友，但是旧书买得不多。他们知道我喜欢这个东西，有的时候收到名人的信札，也会跟我联系。我这几年就有了这么一个兴趣爱好，就是喜欢收藏名人的信札，很多都是毛笔字写的。我后来怎么会从书法篆刻外又多了一个写作的爱好？就是因为看了这些信札之后觉得民国时候的人或者是再晚一点的人他们的毛笔字怎么写得这么好。他们也不是书法家，我一看我们现在很多的书法家名气很大,但是跟他们是没有办法比的。我想这个书法家看来是不能当的,看到他们写得这么好,我想是不是我来写一点什么文字。他们没有名气,字却写得很好,也很有学问,但是社会对他们的认可不高,我就开始慢慢写一点这方面人物的文章,慢慢地写下来,就对写作有了那么一点兴趣,其实还是比较门外的,不像各位老师都是专业写作的。我写文章,是想到哪儿写到哪儿,有的时候是不成章法的,以后向大家多多学习。

**刘毅强:**

据说有时候还唱唱昆曲。

**唐吉慧:**

是喜欢。刚才杨月英编辑编的那个《粟庐曲谱》我买了十套,全部是自己收藏,张充和的精装本我有五套,普装本五套。如果以后大家谁要收藏张充和的精装本可以来找我。

**陈子善：**

还有两位译文社的编辑讲两句。

**周　冉(上海译文出版社编辑)：**

我今天主要是能有幸跟着马老师来参加这个会。我自己是做外国文学，主要是法文的翻译图书。今天很有幸听各位老师讲书的各种事情，很开心。

**陈飞雪(上海译文出版社编辑)：**

我和宁文是好朋友，在座的各位老师也是在工作上都有很多的帮助，我也是来学习的。

**陈子善：**

接下来是宫立。

**宫　立(华东师范大学文学博士)：**

前两辑的《开卷书坊》都是我的室友买的，我没有得到过赠书，在座的很多老师都是见过的。第二个就是希望能够看到《开卷书坊》能够出到第十辑。

**陈子善：**

宫立讲得很简练。

**顾　军(《文汇读书周报》编辑)：**

我也是董老师的好朋友了。一看《开卷》的气息就很喜欢，因为跟《黄金年代》的那个气息有一脉相承的东西。我们没有办法，很多作者放弃了很多，但是《开卷》还是延续下来了。所以我是一个乐观主义者，可能就是说不要担心一样东西会死或者是怎么样，还是会有很多的东西通过别的方式留存下来。《文汇读书周报》也是这样的，它走到今年可能是一个尾声，它三十岁还没有到，未来可能在我们《文汇报》还会有一个新的专版。到明年它正好是三十周年。现在也不管这个了，因为整个是上面的意思要改革，以改革的名义来做这个事情。我每一次碰到刘老师都是说今年保不住了怎么办。我到《文汇读书周报》也已六七年了。庆祝无意义，说不定呼吁也是无意义的，我听到的版本是好几条线过来，都有这样的说法。希望《开卷》不管是凤凰台上凤凰游，还是其他的什么单位资助，就是希望能够一直一直地出下去。我也是很敬佩董老师的，这么多年一直坚持，爱书的人总是会去想办法继续坚持。

**刘绪源：**

至少我们的《读书周报》是真正具有读书含义的。这个也不是全部的砍掉，是并入《文汇报》，搞一个读书版。

**陈子善：**

我们今天的会到这里就差不多了，还有谁要发表高见的吗？

**董宁文：**

还有几个小尾巴，就是刘小明把他的一些想法或者说是担忧都说了，我们觉得有信心把这个事情做好，我们作者也要贡献一点力量。这种小书价格很便宜，我们得多买一点送送人，这个肯定拿得出手的。我们尽可能地多买一点，这个也许起不了什么大的作用，但是也是有这个心。我在想《开卷书坊》应该会继续下去，还有就是我一直在幻想我们以前的《开卷文丛》出了三辑，实际这个是有连续性的，但是更是另外一种小渠道的，我想明年还做第四辑，就是很简单的普装的也可以做下去。还有一个就是我今年又搞了一套书叫作《开卷闲书坊》，我之前也考证过，我们《开卷》系列里还有很多的小部队，有第一小分队和第二小分队。小唐讲的这个，那个书是很好的，那种感觉会很好的。即使是六本，但是这个和《开卷书坊》不一样，我比较期待。

我最近一直在想这个事情。感谢大家，非常谢谢各位参加我们今天的聚会。

（江少莉、宋健根据录音整理）

# 后　记

《开卷闲话》到这本九编的时候，《开卷》创刊至今正好走进第十五个年头了。这几个月来，一直在编一套五本《〈开卷〉十五年精选》，五本书名分别为《书香人和》、《墨磨人生》、《冷摊漫拾》、《枕边所读》和《纸香墨润》。上周这五本书已定稿下厂，预计这个月下旬前就能印出了。眼下确定五月二十日在南京召开一个十五周年的座谈会，同时为庆祝生日做的《纸香墨润——当代学人墨迹展》也会在圈外艺术馆开幕。这次展览汇聚了国内老中青几代学人的百余幅墨迹，其中杨绛、周退密二位老人已逾百岁，丁景唐、圣野、杨苡、屠岸、蒋星煜等数位都是九十开外了，还有文洁若、流沙河、钟叔河、姜德明、邵燕祥等八十以上的多位，六七十岁的则有陈子善、扬之水、薛冰、蔡玉洗、龚明德、萧平等等，六十以下的也不少，尤以伍立杨、唐吟方、许宏泉、徐聚一等人为代表，“七〇后”、“八〇后”的青年才俊则有顾村言、杨频、唐朝轶、王犁等，这些学人虽说术有专攻，但都是《开卷》的作者和读者，也都是《开卷》事业积极的参与者、支持者。我想，通过墨迹展这种形式纪念刊物的生日，或许还比较贴切吧。

《开卷闲话》这个系列离我多年前的理想，即出到十编，看来已为期不远了。这个曾经的理想应该说已近在咫尺，这时却又有新的想法，只要《开卷》还在继续出，《开卷闲话》也就不会停写。如此说来，十编以后怎么办，还请读者诸君给我出出主意，在此，先谢过！

九应该说是一个非常吉祥的数字，所以，这一编照旧请了四位老朋友作序。这四位与《开卷》的交情是非常不一般的，其中薛冰与徐雁两位都是刊物创办元老，也是重要的编委，《开卷》十余年所做的许多事情都与二位密不可分；王稼句、韦泱二位虽然不在南京，但平时联系频繁，可以说他们是编外的编委，因为二位为《开卷》这些年的发展与进步都曾付出了智慧与心血。另外，这四篇短序，其实并不是为序而序，严格说来就是《开卷》编委的一些编辑思路，也可以说是对刊物，或是闲话这种文体的一种理解与思考吧。相信读者诸君能从中体味出个中三昧吧。

再说几句题外话，《开卷书坊》已出到第四辑，第一辑是八本，第二辑是十二本，第三辑是十本，四辑下来总共出了三十七本。如果能出到五十本，那可就是功德圆满的事了。大家一同努力吧，一切的美好愿望都会成真的，我们还是有十足的信心的！

二〇一五年五月二日午后子聪记于金陵南郊开卷楼，时窗外之雨从昨日晚间一直不曾停歇地下着。古谚云：春雨贵如油。或许这就是一个良好愿望的开端吧。

**补记：**

这本九编没有像以往那样在书中插入相应的手迹、书影等，而是插入了十余幅我多年前所作的水墨画，这个动议还是刘毅强先生在去年上海举行的《开卷书坊》第三辑座谈会上提出来的。我想，这或许也是这本“闲话”所提倡的闲情逸趣吧，不知读者诸君以为然否？

二〇一五年六月十九日，
端午节前一日于开卷楼灯下漫记

**开·卷·书·坊（第一辑）**

开卷闲话六编·（子聪）
我的歌台文坛·（宋词）
纸醉书迷·（张国功）
书林物语·（沈津）
条畅小集·（严晓星）
书虫日记二集·（彭国梁）
劫后书忆·（躲斋）
寻我旧梦·（鲲西）

**开·卷·书·坊（第二辑）**

开卷闲话七编·（子聪）
旧书的底蕴·（韦泱）
听雪集·（许宏泉）
榗柿楼杂稿·（扬之水）
笔记·（沈胜衣）
邃谷序评·（来新夏）
我来晴好·（范笑我）
难忘王府井·（姜德明）
读书抽茧录·（桑农）
旧书陈香·（徐雁）
书虫日记三集·（彭国梁）
书虫日记四集·（彭国梁）

**开·卷·书·坊（第三辑）**

一些书　一些人·（子张）

开卷闲话八编·（子聪）

书缘深深深几许·（毛乐耕）

西窗看花漫笔·（李文俊）

我之所思·（刘绪源）

自画像·（陈子善）

待漏轩文存·（吴奔星）

文人·（周立民）

左右左·（钟叔河）

温暖的书缘·（徐鲁）

**开·卷·书·坊（第四辑）**

**开卷闲话九编·（子聪）**

文坛逸话·（石湾）

渊研楼杂忆·（汤炳正）

转益多师·（陈尚君）

退密文存·（周退密）

回忆中的师友群像·（钱伯城）

旧日文事·（龚明德）